Jon M. Sweeney

Umarme den Wolf

Wie du dich mit franziskanischer Weisheit
deinen Ängsten stellst

Jon M. Sweeney ist international eine der führenden Stimmen zum Leben und zur Spiritualität von Franz von Assisi. Er hat Theologie und Philosophie studiert und bereits über dreißig Bücher geschrieben. 2009 konvertierte der ehemalige Pastor der Episkopalen Kirche zum Katholizismus. Er lebt mit seiner Frau, einer Rabbinerin, und seinen Töchtern im US-amerikanischen Milwaukee.

JON M. SWEENEY

UMARME DEN WOLF

Wie du dich mit franziskanischer Weisheit deinen ÄNGSTEN stellst

Aus dem Englischen übersetzt
von Antje Balters

BONIFATIUS

Bibliografische Information der Deutschen Nationalbibliothek:
Die Deutsche Nationalbibliothek verzeichnet diese Publikation in der Deutschen
Nationalbibliografie; detaillierte bibliografische Daten sind im Internet über
http://dnb.d-nb.de abrufbar.

Klimaneutrale Produktion.
Gedruckt auf umweltfreundlichem, chlorfrei gebleichtem Papier.

Die amerikanische Originalausgabe erschien unter dem Titel
„Feed the Wolf – Befriending our fears in the way of Saint Francis",
im Verlag Broadleaf Books, Minneapolis.
© 2021 by Jon M. Sweeney
Printed by Broadleaf Books, an imprint of 1517 Media.
This edition arranged with Kaplan/DeFiore Rights through Paul & Peter Fritz AG.
© 2022 Bonifatius GmbH Druck | Buch | Verlag, Paderborn

Umschlaggestaltung: Weiss Werkstatt München, *werkstattmuenchen.com*
Umschlagmotiv: © shutterstock/Croisy
Übersetzung: Antje Balters
Satz: Bonifatius GmbH, Paderborn
Druck und Bindung: CPI books GmbH, Leck
Printed in Germany

ISBN 978-3-89710-944-5

Weitere Informationen zum Verlag:
www.bonifatius-verlag.de

Für Frederic und Mary Ann,
die geholfen haben, den Weg zu ebnen,
und für künftige Generationen,
die danach suchen.

INHALT

VORWORT

Er kannte Dichter und Musiker, Soldaten und Generäle, Mütter und Väter, Kaufleute und Reisende, Kapitäne zur See und Sultane. Er kannte Herrscher und Narren, Päpste und Hofnarren, Kardinäle und Verbrecher – und Liebende.

Das Leben von Franz von Assisi war der Stoff, aus dem Legenden gemacht sind. Schon zu Lebzeiten bezeichneten ihn die Menschen als Heiligen, und zwar nicht wegen irgendwelcher übernatürlicher Geschehnisse oder besonderer göttlicher Offenbarungen, sondern – um es mit den Worten aus einem wunderschönen Song von Sarah McLachlan zu sagen –, weil Franziskus ein Leben führte, in dem es viele „normale Wunder" („Ordinary Miracles") gab.

Das Buch veranschaulicht diese ganz gewöhnlichen Wunder und berichtet außerdem über den Lebenskontext von Franziskus, in dem sie sich abgespielt haben. In jedem Kapitel gibt es kurze Dialoge, sozusagen Gesprächsmomente, die den Eindruck von mündlich tradierter Geschichte erzeugen. Dadurch werden Personen vorstellbar, die zwar in der offiziellen Geschichtsschreibung und in Quellen über das Leben von Franz von Assisi nicht zu Wort kommen, von denen aber bekannt ist, dass es sie gab und dass sie über ihn gesprochen haben. Die besagten Dialoge befinden sich kursiv gedruckt, wie eine Art Refrain, jeweils ungefähr in der Mitte eines jeden Kapitels.

Das Wesen ganz normaler Wunder besteht darin, dass sie wiederholbar sind.

Der Weg von Franziskus ist mittlerweile über 800 Jahre alt, er begann als Nachahmung des Lebensstils Jesu und wurde konkret erfahrbar im 13. Jahrhundert. Doch ich würde heute nicht über ihn schreiben, wenn ich nicht glauben würde, dass er auch für Menschen von heute ein Lebensstil sein kann, mit dessen Hilfe man Angst überwinden und auch im modernen Leben Gunst finden kann.

23. Januar 2021
Gedenktag von St. Marianne Cope of Moloka'i
(Marianne Cope)

EINLEITUNG

Mir schenkt das Bild einer uralten Seidenkiefer Trost. Durch meine Erfahrung, viele Jahre die Wälder von Vermont und Wisconsin durchstreift zu haben und Feuerholz zu sammeln, weiß ich, dass eine Seidenkiefer dreißig Meter und höher werden kann und dass zu jeder beliebigen Jahreszeit nahezu jeder zweite Ast abgestorben sein kann. Es kann also sein, dass, wenn ich den richtigen niedrig hängenden Ast erwische und fest daran ziehe, das Holz eines solch abgestorbenen Astes ganz leicht bricht.

Beim Ahorn ist das anders. Bei ihm wird jeder Ast jedes Frühjahr wieder neu von Blättern begrünt, bis er irgendwann nicht mehr ergrünt und abstirbt. Denn stirbt der neue Trieb eines Ahorns, stirbt auch rasch der ganze Baum. Bei der hoch aufragenden Seidenkiefer verhält sich das wie gesagt anders; sie hat die Fähigkeit, sich dem Tod anzupassen und kann ein Jahrhundert lang oder länger immer wieder zurückkommen.

Wie wohl jeder Mensch, der sich schon über ein halbes Jahrhundert lang auf diesem Planeten aufhält, erlebe auch ich Leid und Scheitern und Tod.

Ich habe immer gedacht, was für ein Glück ich doch gehabt habe, dass solche schwerwiegenden Ereignisse an mir vorübergegangen sind, aber je älter ich werde, desto deutlicher zeigt sich, dass es da eine schleichend zunehmende Häufung gibt – ähnlich wie beim langsamen Erodieren von Höhlengestein. Es fühlt sich so an, als würde das Wasser an

11

den Knöcheln steigen. Menschen, die einen lange als Weggefährten begleitet haben, sterben; eine Ehe zerbricht; man erlebt mit, wie Freunde unter furchtbaren Schmerzen leiden; Beziehungen verschlechtern sich; Jobs und Karrieren gehen verloren und mit erschreckender Regelmäßigkeit sterben Jahr für Jahr Freunde. Aber wie die besagte Seidenkiefer versuche ich, weiter zu wachsen und jedes Frühjahr neu zu ergrünen.

Und diesen Wunsch, weiter zu wachsen, erkenne ich auch bei Franziskus. Ich glaube, er zeigt uns, wie wir uns ganz aufs Leben einlassen, uns regelrecht hineinknien können. Auch er hat Scheitern erlebt, unter anderem den endgültigen Bruch mit den Eltern, den Verrat eines Freundes, körperliche Leiden, Momente der Demütigung und den Tod. Aber er war in der Lage, sein Leben mit einer großen Kraft und Dynamik zu führen. Der Geist scheint ihn auf eine Art mit Hoffnung und Liebe erfüllt zu haben, zu der ich nur sagen kann: Davon hätte ich bitte gern auch etwas.

In diesem Buch werde ich mir punktuell bestimmte Lebensbereiche und -situationen im Leben des Franz von Assisi etwas genauer anschauen, um ein Bild davon zu zeichnen, wie er gelebt hat. Und um daraus etwas für mich persönlich abzuleiten, ja, zu lernen und es an Sie weiterzugeben. Betrachten Sie vielleicht jedes der Kapitel als eine Art Experiment in Sachen „Leben wie Franziskus".

Franz von Assisi wird als Dichter und Künstler bezeichnet, und das war er auch. Vielfach wird er als simpel und naiv angesehen, und vermutlich war er das auch. Kinder bewarfen ihn mit Dreck, verspotteten ihn und fanden ihn lächerlich im Vergleich mit ihren Eltern und anderen Erwachsenen, die ein angepasstes Leben innerhalb ihrer gesellschaftlichen Grenzen führten. Interessant dabei finde ich, dass Franziskus wahrscheinlich heute genauso Ablehnung und Ausgrenzung erfahren würde, wenn er sich so verhielte und sein Leben so führen würde wie damals. Wir würden ihn wahrscheinlich nicht mit Steinen bewerfen – Kinder im Mittelalter waren damals auf eine Art direkt, wie wir es uns heute kaum mehr erlauben –, aber wir würden ihn für absolut unwichtig und bedeutungslos halten – eben für einen Narren. Oder wir würden seine andersartige Lebensweise gar nicht bemerken. Doch selbst wenn er uns wegen seiner Andersartigkeit auffiele, würden wir nur geringschätzend oder verachtend auf ihn reagieren. Wir würden sein Verhalten nicht verstehen, genauso wie ich das Verhalten des Mannes nicht verstehe, der im Hinterhof auf meinen Mülltonnen herumtrommelt. Warum? – Was Franziskus lehrt, kommt uns einfach zu simpel vor und hat nichts zu bieten, was uns einen Anreiz geben könnte, darüber zu diskutieren.

Allerdings haben die Menschen ihn sehr wohl zur Kenntnis genommen. Die Art, wie er lebte, zog von Anfang an viele an, und die Bewegung, die er ins Leben rief, wuchs wie keine andere geistliche Bewegung zuvor.

Doch als Mensch war er nicht einfach. Angesichts des historischen und zeitlichen Abstands fällt es heute leicht, ihn zu mögen, aber es war damals sicher nicht einfach, unmittelbar mit ihm zu tun zu haben. Stellen Sie sich einmal einen Mannschaftssportler vor, der von den Zuschauern auf der Tribüne das Gleiche verlangt wie von sich selbst. Genau das hat Franziskus nämlich getan. Wenn er dann wieder von der Bildfläche verschwand, weil er irgendeine Mission hatte oder auf einer langen Reise war, kamen viele, inspiriert von den Geschichten über Franziskus, um sich der von ihm begründeten Bewegung anzuschließen, obwohl sie ihn gar nicht persönlich kannten. Es fiel ihnen schwer, sich vorzustellen, wie ihr berühmter Gründer Freude und Vergnügen mit einer so strengen Verbindlichkeit zusammenbringen konnte, wie er sie lehrte und lebte. Sie glaubten, dass entweder das eine oder das andere geopfert werden müsse. Und so begannen manche, Franziskus auf eine Art festzulegen, die genau diese Kunst, beides miteinander zu vereinen, nicht erkannte oder nicht wertschätzte.

„Während er immer noch in seiner elenden und beklagenswerten Welt lebte, … unser gesegneter Vater Franziskus …", beginnt beispielsweise ein Kapitel in einer der Primärquellen über Franziskus. Doch niemals hätte Franziskus selbst von seiner Welt als einem elenden oder beklagenswerten Ort gesprochen. Und wenn seine Anhänger das taten, dann war das so, als würden sie ein opulentes Landschaftsgemälde in einen faden Metallrahmen stecken. Doch das war tatsächlich der Rahmen, in dem seine Geschichte und sein Leben noch Jahrhunderte nach seinem Tod steckten.

Erst seit etwa 1900 hat sich dieses Bild von Franziskus geändert, und er ist zum bekanntesten und beliebtesten Heiligen der Welt geworden. Um die Jahrhundertwende des vergangenen Jahrhunderts setzte eine Renaissance des Interesses an der Gestalt des heiligen Franziskus ein, die dadurch in Bewegung kam, als ein paar Leute anfingen, darüber zu sprechen, wie Franziskus wirklich war. Dabei mussten sie weiter schauen als in die bekannten Hagiografien – also die verherrlichenden unkritischen Biografien des Heiligen –, um den wahren Franziskus zu finden. Der Erste, der diese echte Persönlichkeit aufzeigte, war Paul Sabatier, ein protestantischer Pastor aus Frankreich. Er veröffentlichte 1894 die erste moderne Biografie über Franziskus, die sehr schnell in ein Dutzend Sprachen übersetzt wurde. Eine weitere wichtige Biografie wurde vom dänischen Autor Johannes Jorgensen veröffentlicht, der später für den Literaturnobelpreis nominiert wurde. In beiden Biografien wird Franziskus als eine Persönlichkeit dargestellt, die auch für die heutige Zeit noch Relevanz hat.

In der Zwischenzeit wurde, inspiriert von Franziskus als dem Narren Gottes, ein mittelalterliches Volksmärchen unter dem Titel *The Juggler of Notre Dame* (Der Gaukler von Notre Dame) als Geschichte in einer Zeitschrift, als Oper, als Tanzstück und als beliebte Kinderbuchgeschichte veröffentlicht.

Eine Generation später kam dann 1950 der beste Film heraus, der jemals über den Heiligen gedreht wurde: Roberto Rossellinis *The Flowers of St. Francis* (Franziskus, der Gaukler Gottes), an dem der junge Federico Fellini als Koautor mitwirkte. Die Schauspieler waren mit nur einer einzigen Ausnahme Laien, die meisten von ihnen Franziskanermönche, die sich aus persönlichen und religiösen Gründen für das Projekt interessierten. Der Mönch, der die Rolle des Franziskus spielte, wurde nicht einmal im Abspann erwähnt. Es war, als ob Franziskus auf der Leinwand nicht von einem „Schauspieler" dargestellt werden konnte – weil er dafür einfach zu echt war. Der Film wurde zu einem der großen Klassiker des italienischen Neorealismus.

Und dann schrieb der umstrittene, charismatische griechische Autor Nikos Kazantzakis, von dem auch der Roman *Die letzte Versuchung* stammt, den aussagestarken, anschaulichen Roman *God's Pauper* (Mein Franz von Assisi) und machte den Heiligen auf eine Weise als Mensch wieder lebendig, wie es nur ein Roman kann. In einer Szene beispielsweise, in der Kazantzakis die Stigmata beschreibt (es wurde behauptet, Franziskus habe die Wunden erhalten, die denen von Christus in seiner Passion glichen, ein Ereignis, über das die meisten Biografen aus Mangel an Beweisen lieber Stillschweigen bewahren), lässt er die Szene auf einem brennenden Feld spielen, in das Blitze einschlagen, während Franziskus schreit: „Ich will mehr!"

Doch vor dem Beginn dieser Franziskus-Renaissance gab es etliche, die ihn als ein Beispiel dafür sahen, wie die Kirche oft aus einem guten Christen einen bedeutungslosen Heiligen macht. Vor der Wiederentdeckung des wahren Franziskus vor etwas mehr als einem Jahrhundert steckte Franziskus in der künstlichen Süßlichkeit knuddeliger Tiergeschichten fest. Er war so heilig, dass er vor allen sicher war außer vor den Sündern und den Leidenden, und das machte es unmöglich, den echten Franziskus zu finden. Da sein Ruf in nicht nachvollziehbaren Legenden verankert war, bestand kaum eine Chance, die Bedeutung zu erlangen und so viel Motivation zum Handeln zu bieten, wie das heute der Fall ist.

Der protestantische Reformator Martin Luther gehörte zu den bekanntesten Kritikern von Franziskus. Etwa um 1500, Luther war zu dem Zeitpunkt ein junger Mönch, identifizierten sich viele Anhänger von Franziskus so sehr mit ihrem Gründer, dass sie ihn fast mehr verehrten als Christus. Frühe Anhänger von ihm, die dieses Ausmaß der Verehrung irgendwie begründen wollten, behaupteten deshalb sogar, Franziskus sei bereits im Alten Testament und auch von Christus selbst vorhergesagt worden.

Vieles von dem, wogegen Luther protestierte hatte mit dieser Art geradezu lächerlicher Verehrung von Glaubensführern zu tun, einer der Gründe, weshalb Luther ein so offenes Publikum für seine kritischen Abhandlungen fand. Niemand, so sagte er, solle Heilige zu Götzen machen.

Ich verfolge in diesem Buch jedoch eine andere Absicht. Ich möchte gern ein kontinuierliches Wiedererwachen des Interesses an Franziskus erleben, und zwar des *echten* Franziskus. Dieser echte Franziskus war bodenständig und rau wie Sackleinen, weder sonnengebräunt noch geformt und bronziert wie ein barocker Springbrunnen-Cherubim, zu dem er von manchen gemacht wurde.

Ich habe bereits einige Bücher über Franz von Assisi geschrieben und kann mir vorstellen, dass manche Leser sich vielleicht fragen: *Warum denn jetzt noch eins?* Diese Frage stelle ich mir auch immer wieder und komme dabei stets zu derselben Antwort: Wir brauchen einfachen Zugang zu geistlichen Praktiken und Übungen, mit deren Hilfe wir erfahren und begreifen können, wer wir sind und wie wir im Moment – im Hier und Heute – leben können. Franziskus bietet meiner Meinung nach genau dazu immer noch die besten Methoden und Übungen. Und diese möchte ich Ihnen vorstellen, einfach und klar, und ich hoffe, dass Sie dieses Buch dann wie eine Art Schatzkarte benutzen können, mit deren Hilfe Sie den Weg zu einem verborgenen Schatz finden. Einmal dort angekommen, brauchen Sie die Karte dann nicht mehr. Sie können sie wegwerfen, aber den Schatz, zu dem sie Sie geführt hat, behalten Sie.

Ich habe vor Kurzem vor Schülern gesprochen, deren Lehrerin mich gebeten hatte, ihnen eine Einführung in das Leben und Wirken von Franz von Assisi zu geben. Ich begann mit einigen biografischen Fakten und erzählte dann ein wenig über die Zeit, in der Franziskus lebte, weil ich mir dachte, dass manche der Schülerinnen und Schüler mittelalterliche Geschichte bestimmt interessant finden würden. Doch dann merkte ich, wie die Gesichter immer gelangweilter wurden, und ich schwenkte um.

„Okay, genug jetzt von historischen und anderen Hintergrundinformationen. Lasst mich stattdessen Folgendes versuchen: Schaut mal einmal einen Moment lang auf die eigenen Hände", sagte ich.

Die Schülerinnen und Schüler stutzten, und die meisten von ihnen sahen mich plötzlich fragend an. *Hä?*

„Ich meine es ernst. Tut mir bitte den Gefallen und schaut eure Hände an. Na, macht schon." Und dann sagte ich für eine lange und unbehagliche Weile gar nichts, so wie es mir mein Chef beigebracht hatte, in dessen Laden ich als Sechzehnjähriger Schuhe verkauft hatte. („Frag sie, ob sie die Schuhe gern kaufen und zu Hause tragen würden. Und dann denk daran, auf die Antwort zu *warten*. Das kann dauern und zu einer unangenehmen Pause führen.")

Die meisten der Schülerinnen und Schüler sahen jetzt auf ihre Hände.

„Bleibt mit eurem Blick dort", fuhr ich fort. „Lasst euch Zeit. Schaut die Fingerspitzen und Handflächen an und stellt euch bildlich vor, was eure Hände gerade noch berührt oder getragen haben. Was haben sie gehalten – vielleicht, bevor ihr heute Morgen hier in der Schule angekommen seid? Was haben eure Hände in letzter Zeit gegeben oder verschenkt?"

Vielleicht hielten die Schülerinnen und Schüler mich für ein bisschen verrückt, aber ich ließ nicht locker, sondern machte weiter:

„Du kannst deine Hände benutzen, um zu verletzen oder um zu helfen und zu heilen", erklärte ich weiter. „Wozu benutzt du deine Hände? Setzt du sie ein, um sanft und behutsam zu sein? Hat dir jemand beigebracht, wie du deine Hände sanft und behutsam benutzt?"

Ich ahnte, wie dankbar sie waren, keine weiteren historischen Informationen hören zu müssen – über die liturgischen Praktiken der Kirche im Spätmittelalter, die Intrigen während der Kreuzzüge und die Machenschaften von Papst Innozenz III., an den Franziskus sich mit der Bitte gewandt hatte, seine religiöse Reformbewegung zu erlauben.

Dann sagte ich: „Okay, machen wir weiter. Was ist mit eurem Mund? Weil du ja den eigenen Mund nicht sehen kannst, sieh dir den der Person, die neben dir sitzt, an. Schau, wie die Lippen geschwungen sind, wie der Mund schmollt, wie er grinst und wie er sich vielleicht sogar spöttisch verzieht."

Das gefiel ihnen. Es gab viel Gelächter, als offenbar alle irgendeine dieser unterschiedlichen Ausdrucksmöglichkeiten ausprobierten.

„Und jetzt denke mal an deinen eigenen Mund. Was tut er am häufigsten? Lacht er? Küsst er? Ist er ehrlich? Benutzt du deinen Mund, um Freundlichkeit auszudrücken und freundlich zu reden? Vielleicht nicht immer? Ich glaube, es ist möglich, Menschen mit Worten zu bewerfen wie mit Gegenständen und dadurch rücksichtslos Schaden anzurichten. Wir sollten freundlich sein mit unserem Mund."

Dass mittlerweile alle aufmerksam zuhörten, überraschte mich.

„Und jetzt denkt an eure Füße. Denkt an eure Füße, schaut dabei aus dem Fenster und seht euch die Leute auf der Straße an. Entdeckt ihr dort jemanden, der wahrscheinlich ein bisschen Freundlichkeit gebrauchen könnte? Es ist oft ganz leicht, jemanden zu finden, der offenbar einsam ist. Gehen deine Füße auf diesen Menschen zu? Wir sind oft so in Eile, dass wir gar nicht merken, wenn jemand unsere Hilfe braucht. Und wenn wir ganz ehrlich sind, ist es uns oft auch ziemlich egal. Wir sehen zwar eine Not oder ein Bedürfnis, aber statt uns darum zu kümmern, legen wir lieber die Füße hoch.

Nimm dir das zu Herzen! Wann bist du das letzte Mal zu einem Menschen hingegangen, der einen Freund oder eine Freundin brauchte? Mal ehrlich – wie lange ist das her? Egal, ob in der Schule oder draußen auf der Straße – es ist nie einfach, das Richtige zu tun, weil es eine ganz besondere Art von Mut erfordert. Es ist immer bequemer, *nicht* zu helfen und dadurch einer ungewohnten und vielleicht auch unangenehmen Situation aus dem Weg zu gehen. Aber es geht um mehr, als uns wohlzufühlen.

Gott weiß, wie oft ich die Füße stillgehalten habe, statt mich in Bewegung zu setzen, um anderen zu helfen. Sehr oft. Heute versuche ich, mutiger zu sein als zu der Zeit, als ich in eurem Alter war. Ich hoffe, ihr bekommt das besser hin als ich."

Im Grunde war mir klar, dass ich mit dem, was ich sagte, offene Türen einrannte, denn diese Schüler wussten, wie es sich anfühlt, ausgegrenzt zu werden: Sie gehörten zu einer LGBTQ-Gruppe der Schule. Und zum Abschluss fügte ich noch hinzu: „Mit all dem, was ich gerade gesagt und zu vermitteln versucht habe, bin ich nur eine Art Kanal, durch den das, was der Heilige, von dem ich vorhin gesprochen habe, gelehrt hat, weitergegeben wird. Franz von Assisi ist auf unzähligen Vogeltränken verewigt – was bedauerlich ist –, denn, wisst ihr, Franziskus stellte sich seine Rolle in dieser Welt so vor: ganz praktisch, unter Einsatz seiner Hände, seiner Füße und seines Mundes."

Thomas von Aquin, ein anderer Heiliger aus dem Mittelalter, pflegte zu sagen: Schönheit ist alles, was beim Betrachten Vergnügen bereitet. Dass wir Menschen Schönheit erkennen können, hatte seiner Meinung nach mit einem intuitiven Verständnis zu tun, das wir imstande sind zu kultivieren. Diese Aussage machte er im Zusammenhang mit dem Bau gotischer Kathedralen. Er bewunderte das Kunsthandwerk – die Malereien, Schnitzereien und Bildhauerei, die es in Kirchen in ganz Europa gab.

Franziskus hingegen verlor nie ein Wort über Schönheit. Im Unterschied zu Thomas von Aquin war Franziskus selbst ein Künstler – ein Dichter, Musiker und Tänzer –, während Thomas von Aquin nur mit Sprache arbeitete.

Nachdem ich mich jetzt seit mittlerweile 25 Jahren mit dem Leben von Franziskus beschäftige, sage ich Ihnen, was das Interessanteste an ihm ist: Es ist die Tatsache, dass er lieber lebte, was er glaubte, als darüber zu reden. Er hat nie erkennen lassen, dass er sich auch nur das geringste bisschen für schöne Bauwerke interessierte oder für die Frage nach kunstvollsten Schnitzereien. Franziskus als Künstler fand seine Inspiration bei Menschen und anderen Geschöpfen, und zwar konkret darin, wer sie waren und was sie taten, sowohl in seiner unmittelbaren Umwelt als auch im Himmel.

Franziskus zeigte Möglichkeiten der Nachfolge Jesu auf, die auch die gewöhnlichsten und greifbarsten Ausdrucksformen einbeziehen, wie man leben kann. Es ging ihm nicht um theologische Höhenflüge oder Glaubensdiskussionen. Ja, er bat seine Brüder und Schwestern im Geist sogar inständig, sich nicht intensiv mit der Theologie zu beschäftigen oder sich in Bücher zu vertiefen, weil er Sorge hatte, das Studieren und Lesen könne wie ein Eimer kaltes Wasser auf die heißen Kohlen ihrer ursprünglichen Leidenschaft für den Glauben wirken.

Warum dann also noch ein Buch? – Weil Franziskus' Hauptaugenmerk weiterhin darauf lag, sanft und achtsam zu sein, zuzuhören und Gemeinschaft zu haben, das Unangenehme zu akzeptieren (auch das an sich selbst), nach dem Verletzlichen Ausschau zu halten und keine Angst zu haben. Und genau das sind auch ein paar der Dinge, die ich mit diesem Buch versuchen möchte. Und falls diese Erkenntnisse des wahren Franziskus in Ihr Herz, Ihre Füße, Ihren Mund und Ihre Hände vordringen, dann können Sie dieses Buch, diese Schatzkarte, auch wieder beiseitelegen.

1.
GESCHWISTER
FINDEN

Am Anfang seines Lebens hieß er Giovanni, „Johannes", mit Nachnamen Bernardone, und wurde in privilegierte Verhältnisse hineingeboren. Da sein Vater zum Zeitpunkt seiner Geburt auf Geschäftsreise war, gab ihm seine Mutter Pica einen Namen. Über sie weiß man leider sonst fast nichts. Als Pietro von seiner Reise zurückkehrte und erfuhr, dass er einen Sohn bekommen hatte, benannte er ihn um, und zwar nach dem Ort, den er am meisten liebte: „Francesco" für Frankreich. *Franziskus.*

Pietro war geschäftlich so erfolgreich, dass er persönlich ins Ausland reiste, um dort seine Waren einzukaufen und zu verkaufen, Seide und elegante Kleidung. Die meisten Menschen damals lebten und arbeiteten nur in ihren Heimatorten. Die Straße gehörte den Rittern, die in die Schlacht zogen, königlichen Boten und Gesandten, die zwischen den einzelnen Königshöfen hin und her reisten, und gelegentlich einem Prälaten mit einem Auftrag, der aber dann zur Sicherheit von Soldaten begleitet wurde. Und Kaufleuten wie Pietro.

Wahrscheinlich hat Franziskus seinen Vater später auf einigen seiner Reisen begleitet. Stellen Sie sich einen Eselskarren auf einer staubigen römischen Straße vor, hoch beladen mit gefärbten Seidenstoffen – purpurfarbenen, scharlachroten und tiefschwarzen –, begleitet von Dienern, Vater und Sohn hoch zu Ross, von Umbrien durch die Toskana und Florenz, am Meer entlang nach Genua oder Richtung Norden über die Alpenpässe zu offenen und freien Märkten. Alles mithilfe einheimischer Führer, von denen sie gegen Geld mit Informationen versorgt und beschützt wurden. So war das damals um das Jahr 1195. Auf einem dieser Märkte, in der Champagne in Frankreich, trafen Pietro und sein Sohn wahrscheinlich Händler aus der ganzen Welt.

Etwa vierzehn Jahre später, um das Jahr 1209, als Franziskus einen neuen Orden gründete, schrieb er in seiner *Regel,* einem Dokument, in dem die Leitlinien für das Leben in der Gemeinschaft niedergeschrieben waren: „Ich befehle allen Brüdern …, wenn sie in der Welt unterwegs sind oder an unterschiedlichen Orten leben, dass sie weder Tiere mitnehmen noch sie der Fürsorge anderer anvertrauen, geschweige denn auf andere Weise Tiere besitzen. Sie sollen auch nie auf Pferden reiten, es sei denn, es ist aufgrund von Krankheit oder anderen Umständen zwingend notwendig."[1]

Warum gab ein junger Mann die Reittiere, den Markt und die Abenteuer des Kaufmannslebens auf? – Franziskus begann, die Annehmlichkeiten und die Lebensweisheit zu hinterfragen, die ihm sein Vater zu bieten hatte. Wie seltsam muss das seinen hochwohlgeborenen Freunden wie auch seinem Vater vorgekommen sein? Schließlich liebte Franziskus Pferde. Und er liebte schöne Dinge.

Irgendwann, es muss zwischen zwei Reisen gewesen sein, stattete Pietro seinen Sohn mit einer schönen Rüstung aus und schickte ihn in Begleitung anderer junger Männer, die sich einen Namen machen wollten, auf einen Kreuzzug. Dass Franziskus kein Seidenhändler sein wollte, schien für den Vater in Ordnung zu sein, schließlich konnte er ja stattdessen Ritter sein. Aber das Kämpfen lag Franziskus nicht und er kehrte in Schmach und Schande zurück.

Als Pietro darüber äußerst erzürnt war, weil er sich gedemütigt fühlte, hinterfragte Franziskus seine Stellung nicht nur, sondern er verachtete sie regelrecht. Er begann über den Tellerrand seines privilegierten Rangs hinauszublicken, auch wenn er seine Freunde immer noch mochte und gern mit ihnen feierte. Schließlich war er beliebt und unbekümmert und hatte immer Geld, um seine Freunde auszuhalten und die Feste zu bezahlen.

Doch kurz nach dem gescheiterten Kreuzzug begann er, allein in den Wäldern umherzustreifen, sich in die Höhlen in den Bergen zurückzuziehen und dort mit Gott zu reden. Seine Freunde waren irritiert darüber, wie ihr sonst so unbeschwerter Franziskus sich praktisch von einem Tag auf den anderen in … eine andere Person verwandelte.

Hat er Fieber?

Vielleicht steckt sein Vater ja dahinter, weil er mehr Zeit von ihm fordert.

Aber nein, da ist er ja wieder, aber nicht mit Bernadone …, sondern er verlässt die Stadt durchs Stadttor und geht zu Fuß in die Berge.

Er fing an, seinem Vater edle Seidenstoffe zu stehlen, sie zu verkaufen und das Geld an die Armen zu verteilen. Zum ersten Mal hatte er gemerkt, dass es in seinem unmittelbaren Umfeld Menschen in Not gab und dass er eine Verantwortung hatte, ihnen zu helfen. In seiner jugendlichen Impulsivität benahm er sich aber oft schlecht, war selbstgerecht und rechtfertigte die Diebstähle bei seinem Vater. Weil er das ergaunerte Geld den Armen gab, hielt er sich für eine Art Robin Hood.

Aber es kam noch schlimmer.

An einem Spätnachmittag im Herbst war die ganze Stadt vor dem Bischofspalast versammelt und wurde Zeuge einer Konfrontation zwischen Pietro und seinem auf Abwege geratenen und verwirrten Sohn. Es handelte sich um eine Art Gerichtsverhandlung mit dem Bischof als Richter. Die Menschenmenge wurde immer größer, und manche Zuschauer kletterten sogar auf Bäume, um besser verfolgen zu können, was sich dort abspielte, während die umbrische Sonne lange Schatten auf die gepflasterte Piazza warf und der Bischof unsicher und hilflos war, weil er keinen Ärger wollte. Der Einzige, der an diesem Tag Ärger suchte, war Pietro – er verlangte Respekt von seinem Sohn und hatte ihn verklagt. Vor dem Bischof und der gesamten Stadtbevölkerung legte er seinen Fall dar, ohne Franziskus dabei auch nur ein einziges Mal anzusehen. Er sprach an den Geistlichen gewandt, von dem er annahm, dass er Franziskus eine Entschuldigung und den notwendigen Gehorsam abringen könnte.

Franz hörte zu und sah, wie ihn die vielen hundert Menschen, die ihn schon sein Leben lang kannten, anstarrten. Ich wüsste zu gern, was er in diesem Moment wohl gedacht hat. Die meisten Menschen, die sich nach Niederlagen, Beschämung und Familienstreitigkeiten in ihrer Persönlichkeit so radikal verändern, tun das, nachdem sie ihre Kindheits-freunde längst hinter sich gelassen haben, sodass sich solche Auseinandersetzungen in der Regel nicht vor deren Augen abspielen. Das war bei Franziskus anders. Wohl jeder, den er kannte, war in diesem Moment anwesend und schaute zu, und man mag sich kaum vorstellen, wie es wohl für ihn ge-wesen sein muss, von allen angestarrt zu werden.

In einer Art Trotzreaktion zog er sich daraufhin splitter-nackt aus. Wie um zu veranschaulichen, was ihm im übertra-genen Sinne schon angetan worden war, zog er sich vor allen, einschließlich seinem Vater, dem Bischof und den Leuten, die auf den Bäumen saßen, ein Kleidungsstück nach dem ande-ren aus. Thomas von Celano, der erste Franziskus-Biograf, schreibt, dass er alles auszog und zu Boden schleuderte. In einem anderen Bericht heißt es, dass Franziskus immer wie-der innehielt und die ausgezogenen Sachen ordentlich zusam-menlegte. Was für ein Schauspiel! Zunächst ein öffentliches Referendum über Franziskus, dann ein Perspektivwechsel und das Urteil über seinen Vater. Die Szene hat wahrschein-lich bei den Zuschauern für eine Mischung aus Gelächter und entsetztem Aufkeuchen gesorgt, als Franziskus die letzten Reste väterlichen Einflusses abstreifte und sie seinem Vater vor die Füße legte.

Respekt?

„Ich habe jetzt nur noch einen Vater im Himmel", sagte er mit einem Gespür, das ganz typisch für ihn werden sollte. Der Bischof, der immer noch in dieser peinlichen Szene festsaß, griff daraufhin nach einer Soutane und legte sie Franziskus um die schmalen Schultern, um dessen Nacktheit zu bedecken. Anschließend wandte er sich an Pietro, wahrscheinlich mit einem resignierten Achselzucken, denn der junge Mann schien in seiner Furchtlosigkeit nicht aufzuhalten zu sein.

Franz hatte zwar der Mut gefehlt, eine Ritterrüstung zu tragen, aber er war mutig genug, nackt vor einer Menschenmenge zu stehen. Er hatte etwas anderes gefunden, etwas Vielversprechenderes und Kühneres, das es ihm ermöglichte, frei zu sein.

Über viele andere Heilige gibt es Anekdoten aus ihrer Kindheit, über ihre Geburt und sogar über ihre Empfängnis, als eine Art Erklärung, wie sie auf ihren Status als Heilige vorbereitet wurden und wie ihr Handeln und ihre Taten als Erwachsene von vornherein festgelegt waren – ein Beweis für ihre Heiligkeit anhand von Wundern. Von Franziskus sind solche Geschichten nicht überliefert.

Vielmehr lässt sich annehmen, dass sein Leben keine Aneinanderreihung übernatürlicher Ereignisse war, sondern dass er als Kind sogar ziemlich einsam gewesen sein muss. Dass er beispielsweise Geschwister hatte, ist bekannt, aber weder in seinen Lehrschriften noch in seinen Geschichten oder Berichten ist jemals von ihnen die Rede.

Vielmehr ist das Leben von Franziskus ein Zeugnis dafür, dass Ursprungsfamilien sehr unschön sein können. Und durch den Akt, sich in aller Öffentlichkeit und vor den Augen seines Vaters nackt auszuziehen, sagte er sich endgültig von seinem Vater los und entschied sich damit auch gegen die Geschwister.

Als Nächstes verließ er die Stadt, um sich in der dunklen Stille der bereits erwähnten Höhlen in den Bergen aufzuhalten, bevor er zu einem Leben ohne festen Wohnsitz überging. G. K. Chesterton beschreibt den Augenblick dieser Entscheidung sehr anschaulich folgendermaßen: „Halb nackt ging er davon … ein vaterloser Mann. Er war mittellos, ohne Eltern, hatte allem Anschein nach weder einen Beruf noch einen Plan, geschweige denn eine Hoffnung, und als er so unter Raureif bedeckten Bäumen entlangging, begann er plötzlich zu singen."[2]

Es zog Franziskus nicht in die Sicherheit eines Klosters, sondern er wollte Gott allein und für sich suchen und dabei alle Sicherheiten loslassen. In jener Zeit, Anfang des 13. Jahrhunderts, bot das Klosterleben eine echte Alternative zum Elternhaus, die für einen Außenseiter wie ihn gepasst hätte. Dort hätte er erfahrene Ältere gehabt, die seine Fragen hätten beantworten und ihn in sicherere Bahnen hätten lenken können. Es wäre sichergestellt gewesen, dass er immer zu Essen bekäme, eine Tagesstruktur, Bücher zum Lernen und einen Chor oder ein Handwerk als Beschäftigung für Kopf und Hände. Er hätte seinen Wunsch nach Gott und Tugendhaftigkeit hinter dicken Klostermauern kanalisieren können.

Doch nicht dorthin zog es ihn, sondern an unbestimmte Orte. Seltsamerweise wollte er ein geistliches Leben, das nicht vorhersehbar war, ohne Garantien, ohne Äbte und ohne Sicherheiten. Das war schon damals ungewöhnlich und ist es bis heute.

Er hatte die Evangelien gehört (mit Betonung auf *gehört,* denn wahrscheinlich las er sie nicht), und er wusste, dass das, was Jesus sich von den Menschen wünschte, viel einfacher war – und schöner, menschlicher – als alles, was er jemals in der Kirche gehört hatte.

So gesehen ist es erstaunlich, dass Franziskus von Assisi nicht als Häretiker in die Geschichte eingegangen ist, sondern als wohl der bemerkenswerteste Heilige weltweit. Er machte sich auf, sich ein Leben und eine Lehre zu schaffen, über die die Menschen noch Jahrhunderte später staunen sollten. Er lässt uns bis heute wissen: Wir sind für uns selbst und füreinander verantwortlich. Wir sollen sanftmütig sein, risikobereit lieben und uns keine Sorgen darüber machen, was morgen sein könnte. Und mit seinem Leben verkörperte er die Seligpreisungen Jesu aus der Bergpredigt, in der die Friedensstifter beglückwünscht und die Armen glücklich gepriesen werden.

Die Verantwortung, die wir für uns selbst und andere haben, bekommen wir schon vor dem Glauben, vor Geburt oder Taufe; sie ist uns bereits mit der Schöpfung zugeteilt. Jeder Mensch, der geboren wird, ist nach dem Ebenbild Gottes geschaffen, und jeder Mensch, der geboren wird, hat die Chance, ein schöpferisches, vom heiligen Geist Gottes inspiriertes Leben zu führen. Dieser Geist Gottes verlangt weder, dass man das Glaubensbekenntnis aufsagen kann, noch setzt er den Glauben an ein Dogma oder an die Taufe voraus (auch wenn Franziskus sicher war, dass die Taufe half). Der Geist Gottes wohnt dem Leben, dem Sein, inne. Gott ist „ewig schwanger" gewesen mit der Schöpfung, wie Meister Eckhart sagt, und „die Menschen sollten wissen und begreifen, wie erhaben es ist, zu sein."

Franziskus hatte ein ganz ähnliches Gefühl der Erhabenheit, wenn er an die Schöpfung dachte, was besonders deutlich wird an seinem großartigen „Sonnengesang", dem ältesten bekannten Gedicht in italienischer Umgangssprache, auf das ich später noch näher eingehen werde. Alles, was Franziskus verfasst hat – sei es ein Lobgesang, ein Brief oder eine Ordensregel –, zeigt ein ganz bestimmtes Verständnis vom Leben, vom Sein und vom Geist. Doch der umstrittenste Satz, den Franziskus jemals geschrieben hat, steht in seinem „Testament" – einer Art letztem Willen –, das wir heute als „geistliches Testament" bezeichnen. Etwa in der Mitte des schlichten, siebenhundert Worte umfassenden Dokumentes schreibt er: „Niemand zeigte mir, was ich tun sollte, sondern der Höchste selbst offenbarte mir, dass ich nach der Art des Evangeliums leben soll."

Was war mit der einen heiligen katholischen Kirche, zu der er sich bekannte? Was war mit seinem Gemeindepriester und seinem Bischof? Wo kommen die Sakramente der Kirche vor? Das alles gab es immer noch, und Franziskus blieb all dem auch bis zum Ende treu, aber er erkannte auch die grundlegende Lebendigkeit und Kraft einer unmittelbaren und direkten Gottesbeziehung an.

Es gab nichts Wichtigeres – und zwar vor, nach und in seinem Leben – als das. Er war schlicht, wahrhaftig und ehrlich in Bezug auf das, was er erlebte.

Aber Moment mal. Das entspricht ja gar nicht dem, was er geschrieben hat. Ich habe nämlich in dem zitierten Satz ein wichtiges Wort ausgelassen, wie auch den kurzen Satz, der dem Zitat vorausgeht. Hier die vollständige Fassung – der fehlende Teil ist fett gedruckt:

„**Dann gab Gott mir Brüder.** Niemand **sonst** zeigte, was ich tun sollte, sondern der Höchste selbst offenbarte mir, dass ich nach der Art des Evangeliums leben soll."

Franziskus wurden Gott *und* die Gemeinschaft geschenkt (seine geistlichen Geschwister, seine Mitbewohner, seine Nachbarn, seine Freunde und Kollegen, seine moralische Familie und die Glaubensfamilie, ja, jeder Mensch ...), und er gelobte, treu zu sein und auf sie zu hören, wenn es darum ging, was er als Nächstes tun sollte. Dabei gab es keinen Pfad, der sicher und gewiss war, aber es gab Pfade, die ausgetretener waren als andere.

Ich glaube, im Grunde können wir das alle nachvollziehen und verstehen, dass es das ist, was wir genau brauchen. Indem wir uns für Gott entscheiden und indem wir uns die aussuchen, die unsere Brüder, Schwestern, Geschwister oder Verwandte sind, zeigen wir, dass von keinem von uns erwartet wird, allein unterwegs zu sein.

2.
DEN WOLF
FÜTTERN

Sie müssen die Schwarz-Weiß-Fotos von Mahatma Gandhi bei seinem Aufenthalt in London gesehen haben – wo er den König treffen sollte, wie er aus einem Auto steigt (sie bestanden darauf, ihn zu fahren) und bekleidet ist mit einer Soutane und Sandalen –, um sich vorstellen zu können, wie es damals ausgesehen haben muss, als Franziskus irgendwo in den Zentren der Macht seiner Zeit auftauchte. Der kleine Mönch muss ebenso fehl am Platz wie aus seiner Zeit gefallen gewirkt haben, wann immer er einen Bischof, einen Fürsten oder einen Papst aufsuchte.

Noch viel öfter plauderte Franziskus allerdings mit ganz gewöhnlichen Geschöpfen, von denen er eines „Bruder Wolf" nannte.

Wölfe, die uns Angst machen, hat es schon immer gegeben. Manche dieser Erzählungen haben sogar eine geradezu legendäre, mythische Dimension. Seit dem Altertum gibt es Geschichten von wilden Tieren, die, aus welchen Gründen auch immer (vielleicht aufgrund von Krankheit oder strenger Winter), Menschen angreifen und „Geschmack an Menschenfleisch finden". Ich weiß nicht, ob sie alle wahr sind, aber ich sage einem Dorfbewohner aus einem der kleinen Käffer, aus denen diese Geschichten stammen, ganz sicher nicht, dass sie nicht wahr sind. Wilde Hunde waren so gefürchtet, dass sich aus dem anfänglichen Schrecken vor ihnen oft eine richtige Paranoia entwickelte. Denn schon allein zu erwähnen, dass ein bedrohliches Tier gesichtet wurde, konnte dafür sorgen, dass sich eine berittene, mit Speeren bewaffnete Mannschaft begleitet von einer Meute Jagdhunde auf den Weg machte.

Die wohl erwähnenswerteste legendäre Bestie terrorisierte in der zweiten Hälfte des 18. Jahrhunderts über mehrere Jahre die Menschen in Gevaudan im Languedoc in Frankreich. In manchen Erzählungen handelte es sich bei der Bestie um einen Werwolf, andere behaupteten, es sei eine riesige Hyäne, sodass manche Naturkundler die Vermutung äußerten, es könnte sich um einen Berglöwen gehandelt haben. Einige Theologen bezeichneten das Tier als teuflische Geißel, aber am wahrscheinlichsten ist, dass es sich um ein Rudel großer Wölfe handelte. Eines Tages wurde einer dieser Wölfe erlegt und sogar nach Versailles gebracht, um ihn König Ludwig XV. zu präsentieren – so berühmt-berüchtigt waren die Untaten des Tiers. Ganz Frankreich atmete anschließend erleichtert auf. Bis wieder eine Kehle durchgebissen wurde. Diese Bestie – oder Bestien – töteten Kinder beim Spielen und Frauen, die zu Fuß unterwegs waren, um Besorgungen zu machen. Fast immer wurde den Opfern die Kehle durchgebissen und der Kopf vom Rumpf abgetrennt. Oft bildeten sich Bürgerwehren, um die Bestien zur Strecke zu bringen.

Etwa fünfhundert Jahre zuvor stellte eine andere Bestie in Gubbio, in Umbrien, Nutztieren nach, griff Bewohner der Stadt an und versetzte sie dermaßen in Angst und Schrecken, dass sie Franz von Assisi baten, ihnen zu helfen, die furchterregende Bestie loszuwerden. Als er am Schauplatz des Geschehens ankam, waren alle erstaunt darüber, was Franziskus als Erstes tat. Er ging nämlich in die Stadt, um den Wolf zu treffen und kennenzulernen. Und all denjenigen, die durch Tür- und Fensterspalten zuschauten, bot sich folgendes Bild:

Die ersten paar Minuten taxierte der Wolf den kleinen Mönch wie eine Beute, aber dann begannen die beiden, miteinander zu sprechen (wie wir ja alle wissen – und das meine ich absolut nicht ironisch –, konnte sich der Heilige mit den unterschiedlichsten Geschöpfen verständigen). Und Franziskus erkannte rasch, dass der Wolf in erster Linie Hunger hatte.

Die Einwohner von Gubbio, die die Szene beobachteten, waren völlig entgeistert.

Was macht er da?

Habt ihr ihm auch wirklich klargemacht, dass wir nicht wollen, dass der Wolf hierbleibt?

Hier sind nicht einmal Igel willkommen,
geschweige denn Wölfe, die uns fressen wollen.

Wer ist dieser Mönch?

Ein paar Leute haben gesagt, sie hätten schon von ihm gehört.

Ein Junge aus Assisi, der an Straßenecken predigt?

Der soll die Person sein, die wir gerufen haben?

Wir haben es hier schließlich mit einem Drachen zu tun!
Gegen das Ungeheuer sind unsere Waffen nutzlos!

Wir brauchen einen Ritter mit einer Lanze und keinen Bettel-
mönch mit einer Almosenschale.

Nachdem sich die beschriebene Szene vor den Augen der Stadt-
bewohner abgespielt hatte, wandte sich Franziskus an die Leute und handelte eine Vereinbarung zwischen ihnen und dem
Wolf aus. Er vereinbarte zwischen dem, den er jetzt „Bruder
Wolf" nannte, und den Leuten aus der Stadt, dass sie sich umeinander kümmerten. Danach betrachteten die Menschen von
Gubbio den Bruder Wolf als einen der Ihren, der einfachen
und regelmäßigen Zugang zum Lebensnotwendigen brauchte.

Dies ist nicht die erste Geschichte in Franziskus' Leben
nach dessen Bekehrung – einem Leben im Wandel zu Gott
hin und für andere –, aber sie ist der Höhepunkt. Und sie
ist auch die Szene aus seinem Leben, die jedem, der Jesus
nachfolgt (wo auch immer das sein mag), etwas Wichtiges
verdeutlicht: Die persönliche Entwicklung, das Erlangen in-
nerer Reife und geistliche Umkehr dienen nicht einem selbst,
sondern der Gemeinschaft. Jedenfalls war das Franziskus'
Verständnis von Buße und Veränderung. Im ersten Abschnitt
seines „Testamentes" – einer seiner letzten Schriften, die weitgehend autobiografisch ist – ordnet er seine Umkehr als Verzicht auf weltliche Dinge ein, und zwar zum Zweck des Wirkens für Barmherzigkeit.

„So hat der Herr mir, dem Bruder Franziskus, gegeben,
das Leben der Buße zu beginnen: Denn als ich in Sünden
war, kam es mir sehr bitter vor, Aussätzige zu sehen. Und der
Herr selbst hat mich unter sie geführt, und ich habe ihnen

Barmherzigkeit erwiesen. Und da ich fortging von ihnen, wurde mir das, was mir bitter vorkam, in Süßigkeit der Seele und des Leibes verwandelt. Und kurz danach habe ich mich aufgemacht und das Weltliche verlassen."[1] Woher konnte das Gefühl der „Süßigkeit der Seele und des Leibes" kommen, wenn nicht von Momenten wie dem, als er sich aufmachte, um den Wolf von Gubbio zu treffen und ihn zu füttern?

Folgende Fragen und ähnliche wirft die Einigung von Gubbio auf:

- Warum füttern wir den Wolf?
  Wir füttern den Wolf, weil er hungrig ist.
- Und warum ist er hungrig?
  Das müssen wir herausfinden. Jeder Wolf hat eine Geschichte.

Tagtäglich gehen wir auf der Straße an Wölfen vorbei. Und manchmal sind wir selbst welche.

Kürzlich habe ich mit einer Freundin gesprochen, die in meinem Heimatort im Büro des Bezirksstaatsanwalts arbeitet und immer wieder mit vom Gericht verfügten Opferausgleichsverhandlungen zwischen Prostituierten und Freiern zu tun hat.

Bei einem dieser Opferausgleichsgespräche, so erzählte sie mir, hörte sich ein verurteilter Freier an, wie die Frau, die ihm gegenübersaß, von Missbrauch und anderen Traumata in ihrer Kindheit berichtete. In schmerzlicher Ausführlichkeit erklärte sie, wie sie in Zusammenhang mit diesem persönlichen Hintergrund angefangen hatte, sich zu prostituieren.

Der Mann hörte ihr zu, sah sie dann an und sagte so, dass jede im Raum anwesende Person es hören konnte: „Bis gerade eben habe ich Sie gar nicht als menschliches Wesen gesehen, ehrlich." Er schien anschließend selbst völlig schockiert zu sein über das, was er da gesagt hatte, weil ihm klar wurde, wie furchtbar sich das anhören musste. Und seine Aussage war keineswegs gespielt, um ein milderes Strafmaß zu bekommen, denn das hatte zu diesem Zeitpunkt bereits festgestanden.

Oft betrachten und achten wir nicht einmal die Mitglieder unserer eigenen Spezies als eine(n) von uns – und erst recht nicht die anderen Tiere, die uns über den Weg laufen. Aber jeder Wolf hat eine Geschichte, selbst der Wolf, der sich weigert, einen anderen Mitmenschen als Menschen zu betrachten. Und auch der Wolf, der urteilt, aber den Menschen, den er vor sich hat, gar nicht sieht.

Es ist in vielerlei Hinsicht erstaunlich – im Mittelalter genauso wie im 21. Jahrhundert –, wie Franziskus sich aufmachte, um den Wolf von Gubbio kennenzulernen. In einer Situation, die er weder kannte noch verstand, und mit einem Wesen konfrontiert, dem er zuvor noch nie begegnet war, bestand sein erster Impuls darin, es kennenzulernen.

In der ursprünglichen Geschichte heißt es: „In der Umgebung der Stadt Gubbio lebte ein Wolf, der war von schreckhafter Größe und in seinem Hunger von grimmiger Wildheit. Er verschlang nicht nur Tiere, sondern auch Männer und Frauen, sodass er alle Bürger … in Angst versetzte, und alle gingen bewaffnet, wenn sie die Stadtmauer verließen.

Aber nicht einmal Waffen konnten sie vor dem Wolf schützen. Es dauerte nicht lange, da wagten sie sich gar nicht mehr aus der Stadt hinaus. Doch Gott wollte, dass Franziskus den Menschen von Gubbio einen besseren Weg zeigte."

Kürzlich habe ich einen Essay des Naturschriftstellers Edward Hoagland gelesen, der schreibt, dass Berglöwen (Pumas) „... sich zurückziehen in zerklüftete Canyons und ... wenn sie sich mit ihren Gefährten unterhalten, dann gurren sie wie Tauben, schluchzen wie Frauen, stoßen kurze gellende Schreie aus oder ein Knurren, Miauen oder Jaulen ... Sie legen in einer Nacht eine Strecke von bis zu 40 Kilometer zurück ... es ist ein einsames, arbeitsreiches Leben."[2] Wölfe verhalten sich da ganz ähnlich.

In dem Buch *The Wisdom of Wolves* schreiben Jim und Jamie Dutcher, zwei Experten für das Verhalten von Wölfen: „Wölfe lassen sich auf vielerlei Weise beschreiben, aber vor allem sind sie sozial. Sie brauchen einander. Als Jäger, als Eltern und als Hüter des Heimatreviers sind Wölfe erfolgreich als Teil einer Gruppe." Später ergänzen sie noch, was ihnen sechs Jahre der Beobachtungen eines Wolfsrudels in der Wildnis von Idaho zeigten: „Wie viele andere Tiere sind sie emotional intelligent. Ein Wolf weiß, wer er ist, sieht die Mitglieder seines Rudels als Individuen und hat eine Vorstellung davon, wie sein Verhalten von anderen wahrgenommen wird. Er ist zu Empathie fähig und kann sich sowohl entschuldigen als auch andere ermutigen."[3]

Kurz nach dem Wolf von Gubbio, noch im selben Jahrhundert, gab es in Frankreich tatsächlich einen heiligen Hund namens *Saint Guinefort*. Es war ein Windhund, der der Legende nach eine Schlange getötet hatte, um ein Kind zu retten, und dadurch zu lokaler Berühmtheit und Verehrung gelangte. Doch so wird eine Geschichte süßlich überstrapaziert. Aus ihr wird etwas gemacht, was ihr nicht entspricht. „Bruder Wolf" war insofern kein Heiliger, sondern einfach ein hungriges und angeschlagenes Geschöpf in Not.

Peter Maurin, gemeinsam mit Dorothy Day einer der Mitbegründer der katholischen Arbeiterbewegung, hat einmal gesagt: „Die Gesellschaft von heute bezeichnet Bettler zwar als Penner und Schnorrer, aber in Wirklichkeit sind sie Botschafter Gottes."

Im Judaismus gibt es eine Tradition, nach der man sich um jeden Fremden kümmern soll, der sich einem präsentiert, egal, wer er ist oder welches andere Vorgehen die Umstände nahelegen mögen. Schließlich könnte ein Fremder ja auch der Messias sein, und wenn man sich nicht kümmerte, könnte dadurch die Wiederkunft des Messias verhindert werden.

Eine andere, noch bekanntere Überlieferung aus dem Judaismus besagt, dass es nicht einen einzelnen Messias gibt, so wie bei den hebräischen Propheten in der Bibel, sondern Leute Gottes, die ein messianisches Zeitalter herbeiführen können. Betendes Warten darauf, dass jemand kommt, wird ersetzt durch aktives Wirken, um dieses Zeitalter herbeizuführen, in dem nicht einmal Wölfe Hunger zu leiden brauchen. Das entspricht auch sehr eindeutig dem christlichen Verständnis von Verantwortung.

Sogar die Evolutionsbiologie und die Physik stellen das fest. Zumindest vom Verstand her ist uns mittlerweile klar, und zwar besser als jeder Generation zuvor, wie jedes Leben Auswirkung auf jedes andere Leben hat. Ob und wie wir unser Leben führen, ist völlig abhängig vom Leben jedes anderen Geschöpfes und aller anderen Leben, die vor uns da waren. Wir leben nicht allein und können es auch gar nicht. Vielleicht rührt unser früher übliches Verständnis im Umgang mit anderen Arten, nämlich dass sie unterworfen und beherrscht werden müssen, daher, dass wir noch nicht wussten, wie alles miteinander verbunden ist.

Eine vorstellbare Auslegung des Wolfes von Gubbio ist, dass die wütende Bestie gar kein Wolf war, sondern ein Mensch. Auf Italienisch kann jedenfalls das Wort für Wolf, *lupo*, auch ein Männername sein, und in der Gegend von Gubbio gab es damals einen gewissen Bruder Lupo, der Franziskus kennengelernt und eine Bekehrung erlebt hatte, nachdem er irgendwann zuvor ein grausiges Verbrechen begangen hatte. Manche Quellen besagen, dass Franziskus und dieser Bruder Lupus irgendwann später zusammen nach Spanien reisten, aber mehr ist über den besagten Lupus nicht bekannt.

Wenn der Wolf also in Wirklichkeit ein Mensch war, hätte dann das, was in Gubbio geschah, eine andere Bedeutung? – Kaum, aber ich verstehe die Motivation dafür, die Geschichte zu entzaubern. Die Geschichten über Franziskus und die Tiere können manchmal nicht nur kitschig, sondern richtig albern werden: Wenn Fische im See an die Wasseroberfläche geschwommen kommen, um sich vor ihm zu verneigen, oder wenn wilde Tiere ihm aus der Hand fressen, dann haben wir allen Grund, solche Legenden beiseitezulegen und uns mit Wichtigerem zu befassen. Sogar in der Originalgeschichte des Wolfes von Gubbio ist davon die Rede, dass der Wolf mit dem Schwanz wedelte und mit dem Kopf nickte, als Franziskus mit ihm sprach." *Okay ...*

Auch von anderen Heiligen sind Tiergeschichten bekannt, die bisweilen kurios anmuten. Da ist beispielsweise der keltische Heilige Kevin, der so heilig war, dass er eine Amsel auf der ausgestreckten Hand hielt, bis der Vogel Eier legte und sie ausbrütete. *Okay ...*

Immer wieder tauchen auch in den bekannten Märchen Wölfe auf, zusammen mit tugendhaften Königinnen, gefährlichen Sirenen und ausgesetzten Kindern. Denken Sie nur an „Rotkäppchen", „Der Hirtenjunge und der Wolf" und „Die drei kleinen Schweinchen". Im Mittelpunkt all dieser Geschichten steht die Vorstellung vom großen, bösen Wolf, der zum ersten Mal auftaucht im Jahre 600 vor Christus in den Fabeln von Äsop und seitdem im Volkstum (Folklore) eines jeden Landes, in dem es Wölfe gibt. Der furchterregende, bedrohliche Räuber. Große Zähne und Geifer. Dunkelheit über Licht. All die Archetypen – oder Vorurteile – unserer schlimmsten Träume.

Volkskundler und Anthropologen sind der Meinung, dass diese Fabeln und Märchen ihren Ursprung wahrscheinlich in echten Bedrohungen hatten. Vor Jahrhunderten war es tatsächlich so, dass Wölfe manchmal ganze Ortschaften bedrohten und in den dunklen Wäldern Menschen töteten und fraßen. Und Kinderpsychologen erinnern daran, dass wir über das, was uns Angst macht, gerne Geschichten erfinden, um die Ängste zu verarbeiten.

Der Wolf von Gubbio unterscheidet sich jedoch von all diesen anderen Wölfen – sowohl von denen aus den Märchen als auch von denen aus den albernen Heiligengeschichten. Dieser spezielle Wolf scheint jedenfalls menschlich zu sein. Im Unterschied dazu könnten die Wölfe, beispielsweise bei Äsop, auch Drachen sein. Selbst wenn der Bruder Wolf aus Gubbio kein Wolf sein sollte, so hat er doch genau die gleichen Bedürfnisse wie Menschen überall – selbst das Bedürfnis nach Alleinsein, und danach wieder nach Gemeinschaft.

Heute leuchtet uns der Ansatz von Franziskus in Bezug auf Hunger und Angst ebenso ein wie sein Respekt vor dem Wolf und die Tatsache, dass er sich mit Bruder Wolf zusammentut. Das kommt in erster Linie daher, weil wir wissen, dass es immer noch viele Wölfe gibt und dass jeder Wolf fressen muss. So einfach ist das.

Warum sie hungern lassen und in Angst und Schrecken leben? Es hat einen Grund, dass Wölfe Hunger bekommen, hungrig bleiben und zur Bedrohung werden. Wie kommt es, dass wir oft glauben, es sei nicht unsere Aufgabe, sie kennenzulernen, zu verstehen und zu füttern?

Wenn wir unsere Ängste überwinden und das tun, was richtig ist, dann begegnen wir dem Wolf und lernen ihn kennen – und manchmal auch uns selbst. Und dann begreifen wir langsam, dass wir hin und wieder letztlich alle Wölfe sind.

3.
DIE WAFFEN NIEDERLEGEN

Sie merken jetzt sicher, dass dieses Buch anders ist als die vielen anderen, die so tun, als ob die Welt sich um den Einfluss von Franziskus drehte. Wir haben genug von der „Große-historische-Persönlichkeit"-Sicht der Dinge, die ja noch nie ein besonders zielführender Ansatz war. Die Welt dreht sich nicht um eine einzelne Person, und, wie wir immer wieder schmerzlich feststellen müssen, es ist keine „große" Persönlichkeit so groß, wie wir (und manchmal auch sie selbst) glauben.

Für Franziskus wäre es gegen den Geist gewesen, in dem er lebte, zu behaupten, er wäre eine Persönlichkeit mit Macht und Einfluss. Er war das Gegenteil, nämlich schwach und verletzlich, und genau das war sein Weg.

Wie schon im ersten Kapitel erwähnt, zog er als junger Mann in den Krieg und strebte – gedanklich gefangen im Geist der Kreuzzüge – nach Ruhm und Ehre. Aber das ist nicht die ganze Geschichte. Franziskus wurde nämlich bei einem der Kriegszüge gefangengenommen, und sein Vater musste ihn gegen eine hohe Geldsumme auslösen. Beim nächsten Mal – er machte häufig den gleichen Fehler zweimal – schloss sich Franziskus einem anderen Feldzug an, und zwar mit der besten Rüstung und der besten Bewaffnung, die sich sein Vater leisten konnte. Doch unterwegs kehrte er um und kam wieder zurück nach Assisi. Er war entweder krank geworden oder desertiert oder beides, in den Quellen finden sich darüber unterschiedliche Angaben. Danach legte er die Waffen endgültig nieder, weil ihm klar wurde, dass sie nichts für ihn waren und ihm nichts zu bieten hatten.

Schon bald nach diesen Erlebnissen wandte sich Franziskus dem religiösen und geistlichen Leben zu, aber auch hier strebte er keine „religiöse" Rüstung oder Bewaffnung an.

Ihm war schon recht bald klar, dass er kein Mönch sein wollte. Das wäre der naheliegende Weg gewesen, aber er wollte nicht die Abgeschiedenheit des benediktinischen Klosterlebens der damaligen Zeit erfahren. Hohe Steinmauern hielten wie eine Festung die Welt von denen fern, die einfach Glück hatten oder Eltern, die so reich waren, dass sie ihre Söhne in einem Kloster auf dem Land unterbringen konnten. Es gab in der westeuropäischen Kultur und Gesellschaft keinen Bereich, der so reglementiert war wie das Klosterleben. Indem dort der Tag rund um die Liturgie geordnet war, und zwar Tag und Nacht, wurde „angestrebt, die Kontrolle über die Zukunft zu haben".[1]

Ein liturgisches Leben mit der Präzision eines Uhrwerks half dabei, das Leben zu erklären und Ordnung zu vermitteln in einer Welt, die sich außerhalb der Klostermauern leicht gefährlich, flüchtig und willkürlich anfühlen konnte.

Nein, Franziskus sah sich selbst nicht hinter solchen Mauern, wie er schweigend seine Tage wegarbeitete und -betete, auch wenn er daran bei anderen nichts Falsches fand.

Aber wie sehr muss sich seine Mutter wohl zumindest dieses Maß an Sicherheit für ihren Sohn gewünscht haben, der alles hinter sich ließ, was die schützende Rüstung seines alten Lebens gewesen war.

Ich weiß, dein Vater hat keinen Respekt vor Mönchen, aber er weiß um ihren Einfluss. Ich habe mehr als einmal erlebt, wie er mit einem Abt verhandelt hat.

Ein religiöses Leben ist nicht das, was wir uns für dich vorgestellt haben, mein begabter Sohn, aber im Kloster wärest du wenigstens sicher.

Du wirst Bücher haben.

Du wirst Freunde haben.

Du wirst die Sicherheit der Kirche haben.

Auch Priester wollte Franziskus nicht werden. Sowohl von seiner Ernsthaftigkeit als auch vom gesunden Menschenverstand her sah er eine ganz normale alltägliche Heiligkeit und Verantwortung als Berufung für jeden Menschen. Dass sich die Priesterschaft gern in Status und Stolz flüchtete, bereitete ihm Unbehagen. Aber vor allem brauchte man keinen Priesterkragen, um das zu tun, wozu er sich berufen fühlte.

James Cowan, ein Autor, der sich für das Leben von Ureinwohnern und ihre ursprüngliche Lehren einsetzt, beschreibt den Bogen, den die Bekehrung von Franziskus nimmt, folgendermaßen: „Er hatte noch nicht diese Innerlichkeit des Geistes erlangt, die ihn befähigt hätte, eine grundlegende Entscheidung in Bezug auf sich selbst zu treffen, nämlich dass er keine andere Wahl hatte, als das Leben eines heimatlosen Asketen zu führen, eines himmlischen Streuners. Was vor ihm lag, war nicht das abgeschiedene Leben eines Mönchs oder die privilegierte Domäne eines Bischofs, sondern das Leben eines ewigen Außenseiters."[2]

Obschon Franziskus zwar immer Christus im heiligen Sakrament lieben und verehren sollte, genauso wie die priesterliche Berufung, durch die das Sakrament gesegnet wird, zögerte er nicht klarzumachen, dass er und seine bescheidenen, ungebildeten Ordensbrüder auch auf den Straßen predigen sollten – selbst wenn er stets erst den ortsansässigen Priester oder den Bischof dafür höflich um Erlaubnis bitten musste. Respektlose Anekdoten, wie es sie über einen früheren italienischen Heiligen namens Ranieri gibt, sind über ihn nicht zu finden:

„Bevor Ranieri den Priester mit Epilepsie behandelt, der von den Wunderheilungen des Laien-Heiligen gehört hat, fragte der Heilige den Priester, ob er glaube, dass Gott ihn geschickt habe, um diese Heilung zu vollziehen oder nicht … und Ranieri heilte den Priester erst, nachdem dieser das bejaht hatte."[3]

Franziskus ging bei solchen Angelegenheiten, in denen es um Machtverhältnisse ging, sehr klug vor, nämlich mit respektvollen Anfragen. Das ist auch einer der Gründe, weshalb fast jeder Franziskus von Assisi kennt, aber kaum jemand Ranieri.

Als Franziskus nach seinem Aufenthalt in den Höhlen klar war, welchen Weg er gehen sollte, machte er sich an die Aufgabe, für die er sich entschieden hatte – nämlich Steine zu sammeln und zerfallene Kirchen wieder aufzubauen. Er scheint in jener Zeit so prekär gelebt und gewohnt zu haben, wie es bei einem wohnungslosen Menschen der damaligen Zeit eben üblich war, nämlich in Ruinen, im Freien, ohne ein

Dach über dem Kopf. Anschließend begann er, den Lepra-kranken, denen er begegnete, zu dienen. Sie lebten oft außerhalb der Städte und Dörfer und waren genauso heimatlos wie er. Er hatte keine Berührungsängste, lebte mit ihnen zusammen, und sein Wirken dort wurde zu einer zentralen Aufgabe im Rahmen seiner Bestimmung.[4]

Zuerst hatten ihm die Leprakranken aber Angst gemacht. Von ihrem äußeren Erscheinungsbild empfand er sie abstoßend – auch wenn er nicht stolz darauf war, aber es ist wahr. Bei einem von Lepra befallenen Körper zersetzt sich das weiche Gewebe, aber auch Knochen, Hände, Füße und Gesicht können häufig betroffen sein, sodass es zum Verlust von Fingern und Zehen, aber auch ganzen Gelenken wie dem Kiefer kommen kann.

Mit diesen Gefühlen der Angst und des Ekels war er nicht allein. Zur damaligen Zeit reagierte fast jeder ängstlich auf diese Krankheit, und ortsansässige Priester dachten sich sogar Rituale aus, im Rahmen derer sie die Betroffenen segnen konnten, ohne dass sie mit Gesunden in Kontakt kamen.

„Ich verbiete euch, die Kirche, ein Kloster, den Jahrmarkt, eine Mühle, einen Marktplatz oder ein Gasthaus zu betreten", rezitierten sie. „Ich verbiete euch, euer Haus ohne die Leprakleidung zu verlassen ... einen Brunnen zu berühren oder ein Brunnenseil ohne Handschuhe anzufassen ... und nur zusammen mit Leprakranken zu trinken und zu essen."[5]

In Bonaventures *Legenda maior* heißt es über Franziskus: „Er zog zu den Leprakranken und wohnte bei ihnen", und der Autor geht ungewöhnlich ins Detail, indem er hinzufügt: „Er wusch ihnen die Füße, verband ihnen die Geschwüre, entfernte den Eiter aus ihren Wunden, wischte Ausfluss weg und küsste ihre Wunden mit übernatürlicher Hingabe."[6]

Schon bald gab es Menschen, die sich ihm in seiner Arbeit anschließen wollten. Franziskus sagte ihnen, es gebe eine Bedingung, wenn sie zu seiner Schar von Ordensbrüdern gehören wollten: Sie mussten ihren gesamten Besitz weggeben. Und, so fügte er dann schnell hinzu, sie müssten den Leprakranken so dienen, wie er es gerade lerne. Es war nicht mehr hinnehmbar, getrennt oder abgeschirmt von den Kranken und allem Unangenehmen zu leben. Einer der ersten Franziskaner stellte fest, dass Franziskus eine „freudige und echte Liebe für bescheidene und ausgegrenzte Menschen hatte".[7] Dazu war persönliche Verletzlichkeit erforderlich, und man musste seine „Waffen" – in Form von Privilegien, Autorität, Status sowie geistiger und sonstiger Größe – ablegen.

Jeder, der mit Menschen von der Straße arbeitet, weiß, dass manche dort leben, weil sie einer missbräuchlichen Beziehung entkommen mussten. Es kann sich sicherer anfühlen, auf der Straße zu leben, als in einem Zuhause, in dem man zusammengeschlagen, vergewaltigt oder umgebracht wird. Manche frommen Chronisten des Mittelalters verglichen Franz von Assisi mit Christus, indem sie Parallelen zwischen den beiden aufzeigten. Sie sagten, Franziskus sei wie Jesus geschlagen worden – von seinem Vater, von Räubern, von Kindern, die Dreck und Steine nach ihm warfen, von den „Sarazenen" (so bezeichneten die Christen im Mittelalter arabische Muslime), als er sich mit einem Sultan traf, und von den Teufeln, wenn er versuchte zu beten. Mit Ausnahme der Steine werfenden Kinder gibt es kaum Beweise für irgendetwas von all dem, doch Franziskus konnte irgendwann die Menschen verstehen, die körperlich verwundbar waren.

Franziskus' Vater hatte ihn zuerst verwöhnt, wollte dann aber nichts mehr mit ihm zu haben. Als Franziskus Frieden suchte, nicht mehr in den Krieg ziehen wollte, sondern auf Pilgerreise ging, um den Sultan zu treffen, schienen die Männer des Sultans irritiert über ihn – einen heiligen Mann der Christen, der von Liebe und Brüderlichkeit sprach, dabei aber umgeben war von Kreuzrittern. Aber wahrscheinlicher war, dass es die Kreuzfahrer waren, die diesen Unfug aus dem Heiligen herausprügeln wollten, weil er ihre Kriegskultur verschmähte und sich um gewaltlose Zusammenarbeit mit einem eingeschworenen Feind bemühte. Und was die Teufel angeht, so waren die wahrscheinlich die realsten von allem, aber über sie sprach Franziskus nicht.

In erster Linie sind es jedoch die spottenden Kinder, die mir in den Sinn kommen, wenn ich über das Ganze nachdenke. Warum taten sie das? Vielleicht, weil es einfach ist. Sie hatten keine erwachsenen Vorbilder dafür, die Waffen niederzulegen oder es abzulehnen, andere zu bedrohen, um das zu bekommen, was sie wollten oder was ihnen vermeintlich zustand. Sie hatten keine Vorbilder dafür, freundlich zu sein zu denen, die ohne Macht waren und nichts zu sagen hatten.

Wenn sie Franziskus sahen mit seinen offenen, behutsamen Händen, dann konnten sie nur lachen und mit Steinen werfen. So verhalten wir uns nämlich, wenn wir wirklich Angst haben. Und am meisten Angst haben wir vor dem, was wir nicht kennen. Aber genau das Unbekannte ist es, auf das Franziskus zugeht, so wie auf den Wolf, und zwar ohne Waffen und in scheinbarer Machtlosigkeit.

4.
EINFACH LEBEN UND SICH AUF FLICKWERK EINLASSEN

Als wir Franziskus im ersten Kapitel begegnet sind, hat er alle seine Kleider abgelegt, sie einem Bericht zufolge ordentlich zusammengelegt (was für ein Detail!) und sie seinem Vater zurückgegeben. Er wollte die eleganten Sachen nicht mehr tragen, und offen gestanden, wollte er auch seinen Vater nicht mehr haben. Aber Franziskus wusste, dass Kleidung in seinem Leben auch weiterhin von Bedeutung war. Er wusste, dass – ob es uns gefällt oder nicht – Kleidung etwas über einen Menschen aussagt.

Als er anfing, die Regeln niederzuschreiben für all diejenigen, die sich der von ihm neu gegründeten franziskanischen Lebensweise anschließen wollten, nannte er als erste Voraussetzung dafür, alles zu verkaufen, was man besaß, und den Erlös den Armen zu geben. Als Nächstes forderte er dazu auf, sich um die Nöte und Belange der Ärmsten und Bedürftigsten zu kümmern – das waren die leprakranken Menschen in der Stadt – und ihnen zu helfen. Und damit man sichtbar zu erkennen war als jemand, der den Weg der Buße beschritten hatte, sagte Franziskus: „Gebt ihm für ein Jahr das Habit der Probezeit." An der Kleidung sollten die Absichten zu erkennen sein.

In dieser Hinsicht übernahm Franziskus etwas aus der Regel des Benediktinerordens, in der festgelegt war, dass Mönche spezielle Kleidung tragen sollten. Nach Vorgabe von Franziskus sollten das folgende Kleidungsstücke sein: „Zwei Tuniken ohne Kapuze, eine Kordel, eine Hose und ein schlichter Chaperon, eine Art Kapuze mit einer langen Spitze, die bis hinunter zu der Kordel reichte."[1] Der Chaperon hatte die Funktion, bei kälterem Wetter zu wärmen. Mehr Kleidung war für die Ordensbrüder nicht vorgesehen.

Ich frage mich oft, woher diese Liebe für die Armen und zur Armut wohl kam.

Nachdem Franziskus als junger Erwachsener Demütigung erfahren hatte, weil er beim Kampf in einem Krieg versagt hatte und sein Vater ihn auch noch aus dem Gefängnis hatte freikaufen müssen, kehrte er mit eingezogenem Schwanz heim. Er war eben kein Kreuzritter und würde auch nie einer werden. Als er dann begann, nach dem Armutsgelübde zu leben, ihm dafür aber zu diesem Zeitpunkt noch nicht die geringste Hochachtung entgegengebracht wurde, waren er und seine Mitbrüder beim Betteln um Brot so erfolglos, dass es in einem frühen Bericht heißt: „Sie waren gezwungen, Steckrüben zu essen."[2]

Rohe Steckrüben isst man nur, wenn es wirklich nichts anderes gibt und man verzweifelt ist. Ich habe schon von Obdachlosen und anderen Menschen gelesen, die verhungert sind, weil sie sich in der Wildnis verlaufen hatten, in ihren Mägen fand man später nichts als rohe Steckrüben.

Zu all dem kam noch hinzu, dass Franziskus kein besonders ansehnlicher Mann war. Glauben Sie nicht den Gemälden, auf denen er anders dargestellt ist; Künstler idealisieren ihn in Darstellungen gern. Francesco Bernadone war nicht groß, gutaussehend oder blond, sondern er war klein und nicht besonders ansehnlich.

Man sagt, dass Franziskus manchmal mit Bruder Masseo, einem großen, gutaussehenden jungen Mann, der sich ihm schon früh angeschlossen hatte, zusammen betteln ging. Sie standen an unterschiedlichen Stellen in der Stadt, und Masseo hatte meist eine hervorragende Ausbeute an seinen Straßenecken, während Franziskus nur besonders kleine und/ oder rohe Nahrung bekam. Frühe Berichte und Darstellungen geben darüber Aufschluss, und zwar fast so, als handelte es sich dabei um ein sozialwissenschaftliches Experiment.

Die Legenden über Franziskus, den Heiligen, lassen solche Szenen aus. Es sind nicht die Wunder, die ausschlaggebend dafür sind, dass er so klar und deutlich, so richtungsweisend und sachlich zu uns spricht, sondern es ist sein Scheitern, es sind die Peinlichkeiten und Blamagen. Es gibt einfach zu viele andere Heilige, die wie Überflieger an zwei Orten gleichzeitig erscheinen und mit einem Satz hohe Berge überspringen, aber offenbar nur wenige, die ihre Ziele nicht erreicht, absolute Enttäuschungen erlebt haben oder in entscheidenden Momenten im Stich gelassen wurden, so wie Franziskus.

Wer ist dieser Mann, dass Menschen sich ihm angeschlossen haben?

Er ist ein Versager, ein Narr, ein erwachsener Mann, der sich aufführt wie ein Kind und immer noch jegliche Verantwortung zurückweist.

So verhalten sich Männer des Glaubens nicht.

Doch die Situationen, in denen Franziskus scheiterte und versagte, wurden für ihn zum Anlass und Auslöser, an seinem Inneren zu arbeiten. Zeiten, in denen wir uns vom Äußerlichen ab- und dem eigenen Inneren zuwenden, aus dem Lärm in die Stille gehen, vom Kreisen um uns selbst zu echter Eigenständigkeit gelangen, können Zeiten sein, in denen wir Gott entdecken. Franziskus hat mit Sicherheit nie die *Confessiones* (Bekenntnisse) des Augustinus gelesen, doch hätte er es getan, hätte er sich in der folgenden denkwürdigen, ehrlichen Zeile über dessen frühe Jahre sicher wiedergefunden, in der Augustinus ausruft (auf *Oh-mein-Gott*-Art): „Du warst in mir, aber ich selbst war nicht bei mir."[3]

In seinen neuen Kleidern, die den Zweck verfolgten, nicht aufzufallen, wurde Franziskus still und verbrachte viel Zeit im Gebet. Es war, als konnte er endlich abtauchen. Das wiederum führte ihn dazu, herauszufinden, wer er eigentlich war. Ghandi hat einmal gesagt: „Gebet hat mir das Leben gerettet. Ohne es wäre ich schon lange wahnsinnig geworden."[4]

Die neuen Kleider verfolgten das Ziel, unauffällig zu bleiben und nicht beachtet zu werden. Es war keine Farbe vorgegeben, sondern es kam darauf an, dass der Stoff bescheiden und derb sein sollte im Unterschied zu den feinen, gefärbten ausländischen Stoffen und Seiden seines Vaters. Schon bald lobte und unterstützte er es, wenn die Brüder geflickte Kleidung trugen, und er bat sie sogar darum, ihre Sachen zu flicken, wenn es nötig war. In der frühesten Regel des Ordens schreibt er:

„Die Brüder sollen sich immer in ärmliche, schlichte Gewänder kleiden, die sie auch flicken dürfen, indem sie liebevoll Flicken aus Sackleinen darauf setzen, denn der Herr sagt im Lukasevangelium: ‚Oder wolltet ihr einen Mann in vornehmer Kleidung sehen? Dann hättet ihr in die Königspaläste gehen müssen! Dort tragen sie prächtige Kleider und leben in Saus und Braus.' Selbst wenn sie (die Ordensbrüder) als Heuchler bezeichnet werden, sollen sie nie aufhören, Gutes zu tun und sich in dieser Welt nie prachtvolle Kleider wünschen, damit sie stattdessen ein Gewand im Himmelreich haben."

Franziskus war – ganz im Ernst – wohl einer der ersten Verfechter und Praktiker des Nachhaltigkeitsgedanken durch Wiederverwertung.

Dieser sehr einfache Lebensstil wurde bald auch ausgeweitet auf Mitglieder des Dritten Ordens, das waren Menschen, die wie Franziskus leben wollten, aber nicht ihre Verantwortung gegenüber ihrer Familie und Arbeit aufgaben, sondern nur gelobten, Franziskus nachzufolgen und seine Lebensweise dort zu praktizieren, wo sie gerade waren. Zu ihnen sagte Franziskus: „Was die Kleidung angeht, jeder, der zu dieser Geschwisterschaft gehören möchte, soll sich bescheiden kleiden."[5]

Diese bewusste Bescheidenheit, die für religiöse Menschen jeder Epoche ungewöhnlich ist, birgt auch andere Merkwürdigkeiten und Freiheiten in sich.

Denn als er begann, seine Kleidung zu vergessen, konnte Franziskus ein heiliger Narr werden. Wenn er sich unvorbereitet oder unwohl fühlte, sprach er über diese Gefühle und war bereit, seine Verwundbarkeit mit den Menschen um ihn herum zu teilen. Das gefällt mir so an ihm, und ich möchte gern den Mut aufbringen, mich auch so zu verhalten.

Wie es sich wohl anfühlt, sich nicht mehr um das Urteil anderer scheren zu müssen, glücklich zu sein und erfüllt von Gottes Freude?

Franziskus' Narrentum begann, als er die Kleider ablegte, die verbargen, wer er wirklich war. Er legte sie seinem Vater, der sie allesamt gekauft hatte, vor die Füße, so als wollte er sagen: *Ich will mich nicht mehr verstecken.* Doch er blieb nicht nackt, sondern fand andere Kleider, bescheidene Kleider, die er gegen die teuren, von seinem Vater ausgesuchten und bezahlten, tauschte.

Menschen, die tanzen, sagen, dass sie die Körperwärme des Tanzpartners beim Tanzen spüren. Sie sehen den anderen Körper nicht nur, sondern horchen auf ihn, spüren ihn. Wie sie diesen anderen Tänzer bei den Händen halten, ihn umarmen und ihm ins Gesicht schauen, hat etwas Intimes. Das ist anders als bei den meisten anderen von uns – oder zumindest ist es anders bei mir. Franziskus war so ein Tänzer, und ich glaube, dass seine Sorge darüber, wie er gekleidet war, ihn dabei störte, mit anderen zu tanzen.

Die Seidenkleidung abzulegen, bewirkte bei ihm auch eine Art Befreiung zur Schöpfung und Natur hin. Fein und elegant gekleidet klettert man nicht auf Bäume oder verbringt Zeit in Höhlen. „In der Natur existiert nichts für sich allein", sagt Rachel Carson, eine der großen Visionärinnen der ökologischen Idee.

Dieses Gefühl des Einsseins nahm bei Franziskus exponentiell zu.

Als der schottische Schriftsteller Robert Louis Stevenson als junger Mann einmal mit einem Freund Kanu fahren war und die Freunde unter freiem Himmel übernachteten, beglückte ihn dieser Ausflug so sehr, dass er sagte, er glaube jetzt zu verstehen, was Buddhisten als Nirvana bezeichneten. „Vielleicht beschreibt man es am besten, indem man sich vorstellt, sich völlig zu betrinken und trotzdem nüchtern zu bleiben, um es zu genießen", schreibt Stevenson. Die Kleider auszuziehen hatte insofern etwas von Befreiung.

Seiner Zeit weit voraus war Franziskus auch darin, dass er intuitiv ahnte, welcher Schaden durch ein Verhalten angerichtet werden konnte, das die meisten Leute für ganz normal und selbstverständlich hielten. In einem meiner ersten Bücher über Franziskus habe ich darüber geschrieben, dass er etwas dagegen hatte, Bücher zur Andacht zu besitzen. Es scheint ja geradezu widersinnig, wenn ein Glaubensführer seinen Anhängern so etwas vermittelt, aber vielleicht hatte es auch damit zu tun, dass damals zur Herstellung von Büchern noch Tiere getötet werden mussten und ihm das Unbehagen bereitete.[6]

Mittlerweile kann ich mir auch vorstellen, dass sein Wunsch nach eintöniger, ungefärbter, preiswerter Kleidung auch mit seinem Verständnis zu tun hatte, dass Farbstoffe sich möglicherweise schädlich auswirkten, weil er wusste, dass unter den teuren ausländischen Importen von Farben und Stoffen der ortsansässige Handel litt. Und auch dass durch die Anhäufung von Reichtum durch den Handel mit teuren

Farben diejenigen, die in Bergwerken und bei der Ernte auf den Feldern arbeiteten, keine gerechten Löhne bekamen. Er wusste, schon allein das Tragen von schwarzer oder mit Purpur gefärbter Kleidung konnte zu Stolz verführen.

In erster Linie sorgten die teuren eleganten Kleider jedoch dafür, dass der echte Franziskus der Welt verborgen blieb, so ähnlich wie Hofnarren oder Straßenmusikanten eine Maske trugen, weil sie eine Rolle spielten.

In der Zeit vor seiner Bekehrung, als er noch die edle Seidenkleidung seines Vaters trug, gab es einen weiteren Vorfall, der wichtig ist, um diese Sichtweise zu verstehen. Franziskus schloss sich als Pilger einer Wallfahrt nach Rom an und kannte niemanden von seinen Mitpilgern. Nachdem er eines Nachmittags am Grab des heiligen Petrus gebetet und alle seine Geldmünzen durch das Absperrgitter vor den Reliquien geworfen hatte, ging er wieder hinaus ins Freie. „In dem Moment, als er zur Kirchentür hinaustrat, sah er viele arme Menschen, die um Almosen bettelten. Mit einem der Bettler tauschte er unbemerkt die Kleider, und als er dann als einer von ihnen auf der Kirchentreppe stand, bettelte er fröhlich selbst um Almosen."[7]

Also, schon ein paar Jahre vor der beschriebenen Konfrontation mit seinem Vater vor der gesamten Stadtbevölkerung hatte Franziskus das Verlangen gehabt, endgültig seine teuren Kleider abzulegen und gegen andere zu tauschen. Er wollte keine Maske mehr tragen.

Er spielte zwar weiterhin mit – führte etwas vor, sang, war bekümmert und lachte und tanzte –, allerdings ohne zu versuchen, jemand anders zu sein. Sich auf diese Weise verletzlich und angreifbar zu machen, war seine Art herauszufinden, wer er eigentlich war und welche Rolle er in dieser Welt einnehmen sollte.

Bei vielen seiner Anhänger dauerte es – so wie bei vielen von uns heute – Jahre, bis sie auch nur ansatzweise wussten, wer sie eigentlich waren und was sie daran hinderte, die Wahrheit zu erkennen. Wenn wir anfangen, die Kleider, die Masken und alles abzulegen, was uns verbirgt oder maskiert, dann erkennen wir langsam mehr uns selbst und auch das, wohinter wir uns versteckt haben.

Freunde von mir sind kürzlich nach Kalifornien gezogen, nachdem sie dreißig Jahre lang in derselben Wohnung in Manhattan in der neunten Etage gewohnt hatten. Wenn sie dort aus dem Fenster schauten, sahen sie nichts als andere Hochhäuser, Stahl, Glas und Himmel – es sei denn, ihr Blick ging nach unten. Dann waren dort winzig kleine Taxis und Fußgänger zu sehen.

In ihrem neuen ebenerdigen Zuhause in Südkalifornien haben sie nun hingegen, wenn sie aus dem Fenster schauen, einen Blick auf Obstbäume, Dahlien und Fuchsien, grüne Hügel, herumtollende Eichhörnchen und Vögel an den Futterhäuschen. Sie genießen diese Veränderung und ihr schönes neues Zuhause sehr.

Als eine Art geistliche Übung kümmern sie sich schon seit Jahren um streunende Katzen. Das war schon in New York City so, und jetzt in Kalifornien machen sie damit weiter. Sie nehmen die Tiere bei sich auf, pflegen sie und kümmern sich um sie. In New York hatten sie zeitweise ein Dutzend solcher Katzen in der Wohnung. Zu dem Zeitpunkt, als sie nach Kalifornien zogen, lebten nur noch drei alte Katzen bei ihnen.

Als sie sich für ihr neues Zuhause entschieden, wählten sie es bewusst mit dem Wintergarten, der bodentiefe Fenster hatte mit Blick auf die bereits beschriebene schöne Natur. Sie stellten dann die Futter- und Wassernäpfe der Katzen und ihren Kratzbaum in diesen luftigen, sonnendurchfluteten Raum und gingen einfach davon aus, dass die Katzen, die zu ihrer eigenen und der Sicherheit anderer kleiner Tiere und Vögel im Haus bleiben mussten, den größten Teil der ihnen noch verbleibenden Lebenszeit in diesem schönen Raum verbringen und aus den riesigen Fenstern auf all das schauen würden, was Katzen besonders spannend finden. Katzen-TV sozusagen.

Meine eigenen Katzen lieben es, wenn bei warmem Wetter Fliegen und Bienen an die Fliegengitter der Fenster kommen. Und sie verfolgen mit ihren Augen und zuckenden Pfoten das Eichhörnchen, das gelegentlich auf die Terrasse kommt, und die Vögel, die im Gebüsch und in den Bäumen herumflattern. Unsere Katzen lieben ihre Fensterplätze. Aber meine Freunde in Kalifornien waren absolut erstaunt über das, was sie bei ihren Katzen beobachteten. Die nahmen die wunderschöne Aussicht in den Garten und die Natur nämlich gar nicht wahr. Für sie schienen die riesigen Fenster wie Wände zu sein. Wenn sie davor saßen, schauten sie gar nicht hinaus. Es ging den drei Katzen gut, sie waren gesund und munter, aber offenbar waren sie nicht in der Lage wahrzunehmen, was sich vor den Fenstern des Wintergartens, in dem sie lebten, abspielte.

Nach und nach fanden meine Freunde dann aber eine Erklärung dafür, woran das lag. Die Katzen kannten nichts anderes als die Wohnung im neunten Stock in New York City, überlegten sie; und weil Katzen sich nicht für Wolkenkratzer oder in der Ferne vorbeifliegende Flugzeuge interessieren, waren sie so konditioniert, dass sie nichts außerhalb ihrer unmittelbaren vier Wände wahrnahmen. Ihre Wahrnehmung war verkümmert.

Es lag nicht an den Katzen. Und es liegt auch nicht unbedingt an uns. Franziskus wusste, dass das, was uns daran hindert, uns selbst zu begegnen, an unserer Umgebung liegt, und dass es im Laufe der Zeit, oft ohne dass wir es merken, die wahre Geschichte und die wahre grüne Welt da draußen verdeckt. Wir sehen nicht mehr, was direkt vor unseren Augen liegt. Es ist, als ob wir in einem Wintergarten voller Fenster sitzen … Dort gibt es so viel zu sehen, doch wir sind weitgehend blind dafür. Wir sehen nicht die Welt, wie sie ist, sondern wir lernen, sie so zu sehen, wie wir sie gern sehen möchten. Wir erschaffen uns – oft ganz unbewusst – unsere eigene Welt mit dem, was wir glauben zu brauchen. Das sind die „Kleider", die Franziskus zusammen mit seinem Vater an jenem Tag auf der Piazza zurückließ.

5.
AUF DAS ZUGEHEN, WAS ANGST MACHT

Das, was die Überschrift hier beschreibt, geht eigentlich völlig gegen unser Bauchgefühl, uns absolut gegen den Strich. Denn normalerweise gehen wir dem, was uns Angst macht, aus dem Weg. Wir gehen dem aus dem Weg oder halten uns fern. Wir laufen weg vor umstürzenden Bäumen, halten uns aus den gefährlichen Gegenden der Stadt und von Zähne fletschenden Hunden fern und von allem, was uns einen Schrecken einjagt. Und wenn wir nicht weglaufen, dann lassen wir das Angst Machende zumindest in Ruhe. *Nicht anfassen!* Wie zum Beispiel das Wespennest, das wohl gerade unter dem Dachüberstand meiner Garage entsteht.

Der Alltag der meisten Menschen – so normal und gewöhnlich er auch sein mag – läuft in der Regel so ab, dass alles Unheimliche und Erschreckende gemieden wird. Ich beispielsweise besitze ein Haus, und normalerweise sorgen die stabilen Wände und geschlossenen Türen und Fenster dafür, dass Unerwünschtes draußen bleibt. Für das Auto, das ich mein Eigen nenne, gilt das Gleiche. Ich schaue mir an, was ich mir anschauen möchte; ich lese, was ich lesen möchte; ich entscheide selbst, wohin ich gehe, und ich treffe mich mit Menschen, die ich sehen möchte.

Warum sollte man es auch anders machen? So funktioniert es doch offenbar ganz gut, sein Umfeld unter Kontrolle zu behalten: Man lässt herein, was hereindarf, und sperrt aus, was möglicherweise schadet oder stört.

Und jetzt denken Sie bitte einmal an die lange Reise von Franziskus ins Nildelta, wo er den Sultan treffen wollte. Diese Reise wird zwar nie als Beispiel dafür angeführt, wie man

Ängste und Hindernisse überwinden kann, aber stellen Sie sich einmal vor, wie diese Reise für Franziskus und seinen Begleiter gewesen sein muss ...

Bestimmt schlug ihnen die Schwüle des ägyptischen Sommers entgegen, als sie erschöpft und hungrig von Bord des Schiffes gingen. An Land haben sie anschließend wahrscheinlich bunte Lotusblüten gesehen, Seeschwalben, die in der kabbeligen See nach Fischen jagten, und hoch emporragende Palmen, die sich im Wind wiegten, bevor sie dann zu dem weitläufigen Feldlager der Kreuzfahrer in der Nähe gelangten.

Franziskus erreichte Ägypten in der Stadt Damietta, die an der Mündung des Nils ins Mittelmeer liegt.

Dort lagerten Tausende wartender Soldaten, deren Anführer, Pelagius von Albano, kein Soldat, sondern Priester und Kirchenrechtler war. In der Zeit, als Antiochien unter muslimischer Kontrolle war, war er zum Kardinal der Kirche ernannt und zum Oberhaupt der lateinischen Kirche in Antiochien gewählt worden. Er war päpstlicher Legat des 5. Kreuzzugs und hatte den Auftrag, die gesamte Region wieder „zu Christus" zu führen, sprich unter christliche Kontrolle zu bringen. Die Gegend um Damietta war deshalb voller Kreuzritter und Soldaten, die sich auf den Kampf vorbereiteten. Jeder von ihnen hatte gelobt, mit ganzer Hingabe für den Glauben zu kämpfen.

Inmitten dieser Wüstenkulisse erfuhr der Sultan nun, dass zwei barfüßige Männer – Franziskus und sein Begleiter Bruder Illuminato – die Feldlager der Kreuzfahrer durchquert hatten und unterwegs waren ins Lager der Muslime. Die erste

Vermutung – und zwar bei beiden Kriegsparteien – war, dass diese beiden Männer wahnsinnig sein mussten. Die christlichen Soldaten verspürten zusätzlich zu diesen Gedanken vielleicht noch Hass auf den Auftrag dieser Wahnsinnigen. *Da gibt es doch nichts mehr zu reden.* Wir sind nur zu einem einzigen Zweck hier: einem Kreuzzug.

Vielleicht hatte Franziskus Todessehnsucht. Viele Heilige sprachen ja voller Begeisterung vom Märtyrertod. Teresa von Avila beispielsweise berichtet in ihrer Autobiografie, dass sie und ihr kleiner Bruder als Kinder gespielt hätten, wie sie durch die Hand Ungläubiger den glorreichen Märtyrertod starben. Sie schreibt darüber mit einer so lebendigen und frischen Erinnerung, dass es sich liest, als wäre es das reine Vergnügen zu sterben.

Franziskus macht deutlich, dass er ebenfalls nichts gegen ein solches Schicksal gehabt hätte. Aber er verhält sich auch hier so wie zu Anfang seines Glaubenslebens bei der Begegnung mit dem Leprakranken, der ihm solche Angst machte. Zunächst hatte er, abgestoßen von seinem Anblick, die Flucht ergriffen und den bettelnden Leprakranken zurückgelassen, voller Ekel vor der Krankheit und dem Schmutz. Doch dann hatte er sich umgedreht und war zu der Stelle zurückgekehrt, wo der Mann stand. Er stieg dann von seinem Pferd und umarmte ihn. Bis dahin war Franziskus vor Menschen mit dieser Krankheit immer davongelaufen – aus Angst vor dem Unbekannten und Unerwarteten –, aber jetzt ging er zu dem Mann hin, umarmte und küsste ihn und bat ihn um Vergebung.

In der Zeit der Kreuzzüge gab es viele Geschichten über Ungläubige – stets von Christen erzählt –, zum Beispiel über den muslimischen Führer, der aus Glaubensgründen bereit war, christliche Häuser und christliches Land zu zerstören, der plündernd und vergewaltigend durch die Lande zog und jeden, den man kannte, in Ketten legen und in die Gefangenschaft führen ließ. Damals wie heute war die Verbreitung solcher Gräuelgeschichten von Angst getrieben, und jeder, der einem etwas „verkaufen" wollte (sei es Religion, Patriotismus oder einen Kreuzzug), wusste, wie man jemanden mit dem Mittel der Angst zu fassen bekam.

Auch Franziskus hatte Angst, aber ihm war bewusst, dass man sich bei Entscheidungen nicht von Angst leiten lassen darf, wenn man Gott liebt, und dass jemand, der Jesus nachfolgt, aufgefordert ist, jeden zu lieben, komme was wolle.

Doch es war nicht nur das Treffen mit dem Sultan, das Franziskus Angst machte. Schon allein die Reise nach Damietta war angsteinflößend gewesen. Er hatte bereits zuvor einmal versucht, diese Reise zu unternehmen, war dann aber durch das Wetter zur Umkehr gezwungen gewesen. Die Region war Franziskus nicht unbekannt. Da die Ära der Kreuzzüge schon ein Jahrhundert andauerte, war der Weg mittlerweile schon ziemlich ausgetreten, und er hatte nicht nur mit Pilgern gesprochen, die schon dort gewesen waren, sondern auch bereits Brüder in diesen alten Teil der Welt geschickt. Vielleicht lag es daran, dass er nun eine ganz andere Art von Abenteuer im Sinn hatte, die den Geist der Kreuzzüge, an denen er schon teilgenommen hatte, auf den Kopf stellte.

Schließlich lautete sein Ziel: weg vom Krieg hin zum Frieden.

Dies ist ein Punkt im Leben von Franziskus, an dem die Interpretation dessen, was wirklich in Ägypten geschah, als Respekt oder Respektlosigkeit gegenüber dunkelhäutigen Menschen verstanden werden kann. Eine schon länger existierende Erklärung hat mit der Ansicht zu tun, dass die dunkelhäutigeren Menschen, die sich zu einem Treffen mit dem von Gott gesandten Glaubensführer bereiterklärten, ihm nur schaden wollten. Wollte Franziskus sich dort mit dem Sultan treffen, um Wunder zu tun, über den dunkelhäutigen Mann zu triumphieren und ihn und sein Volk so zum wahren Glauben zu bekehren? Oder war er tatsächlich aus dem Grund da, den er selbst angab, nämlich um ihnen auf die Weise zu begegnen, die sein Lehrer Jesus seinen Anhängern aufgetragen hatte, nämlich in Liebe?

Oft wird das Freilassen von Tauben als epigrammatische Geste des Franz von Assisi dargestellt, aber eigentlich sind eher die Momente epigrammatisch, in denen er sich, gegen seinen Willen ankämpfend, strikt weigert, Angst zu haben. Er weigert sich, aus Angst vor dem fernen arabischen Muslim und seiner so andersartigen Kultur in Assisi zu bleiben. Er weigert sich strikt, der Art nachzugeben, wie Menschen in Machtpositionen ihm und anderen Angst machen wollen.

Franziskus machte weiter wie zuvor, nämlich gleichermaßen verletzlich und verletzt. Er kann es unmöglich geschafft haben, durch die Linien lagernder und auf den Kampf wartender Kreuzritter zu gelangen, ohne Tritte und Schläge abzubekommen. Man denke nur daran, dass er schließlich damals noch kein Heiliger war, sondern nur ein Bettler, Büßer und unangepasster Narr – die Sorte Mann also, die von kämpfenden Männern besonders verabscheut wird. Franziskus kommt mir vor wie ein Mann, der sein gesamtes Leben eine Wunde mit sich herumgetragen hat. Wir werden nie etwas über die Situationen mit seinem Vater erfahren, die sich außerhalb der Öffentlichkeit zugetragen haben und über die er nie mit jemandem sprach. Wunden wurden ihm zugefügt, und manchmal fügte er sie sich selbst zu. Ich glaube, sonst hätte er Menschen nicht so gut verstehen können, die nicht die geringste Macht hatten. „Ein verletztes Reh springt am höchsten", schreibt Emily Dickinson.[1] Und als er die Linien der Kreuzritterheere durchquerte, war die größte Gefahr für seine Sicherheit die christlichen Soldaten.

Oh, guckt mal, da kommt ein Büßer in Lumpen daher, um die Welt vorm Bösen zu retten!

Er ist ein gottverdammter Hanswurst.

Schlag ihm auf die rechte Wange und sieh, was er auf die andere haben will!

Vielleicht gebe ich ihm in Rom einen Penny für seine gute Sache, aber hier kriegt er von mir nur einen Tritt in seinen knochigen Arsch!

Der Mann, den Sultan Malek Al-Kamil näherkommen sah, war letztlich ein verwundeter Mann. Wohl auch deshalb erfahren wir, dass er auf das Erscheinen von Franziskus verwirrt reagierte. *Das hier werden keine Verhandlungen. Der Mann kann kein Vertreter des Lateinischen Christentums sein, es sei denn es ist ein Trick.* Und es war kein Trick.

Al-Kamil war ein friedliebender Mann und hatte bereits Verhandlungsangebote gemacht – unter anderem die Rückgabe der Kontrolle über Jerusalem an die Christen –, aber diese Angebote waren von Kardinal Pelagius allesamt brüsk abgelehnt worden. Außerdem war der Sultan bekannt dafür, dass er den Kreuzrittern Wasser und Nahrungsmittel schicken ließ, nachdem er sie besiegt hatte. Ihm war bewusst geworden, dass dies zu einer menschlichen Art der Kriegsführung dazugehörte.

Franziskus sprach mit Al-Kamil (wohl mit Hilfe von Dolmetschern, auch wenn es darüber keine schriftlichen Belege gibt) und erklärte ihm, warum er Jesus nachfolge und welchen Auftrag Jesus denen gegeben habe, die ihm nachfolgten. Ich nehme an, der Sultan verstand sehr gut, was Franziskus sagte, denn er war ein Gelehrter, der die westliche Kultur schätzte. Außerdem war er ja ebenfalls ein Mann des Glaubens. Ich vermute, dass die beiden sich an jenem Tag wirklich echt und aufrichtig „begegneten".

Christen halten sich seit jeher an den Satz von Paulus: *„Wenn du mit deinem Mund bekennst: Herr ist Jesus – und in deinem Herzen glaubst: Gott hat ihn von den Toten auferweckt, so wirst du gerettet werden"* (Römer 10,9), und zwar mit einem missionarischen Eifer, der diesen Satz vom Rest der Lehren über christliches Leben und Zeugnis deutlich absetzt. Damit soll zum Ausdruck kommen, dass es auf den Glauben und auf eine konkrete Art von Bekenntnis ankommt und sonst nichts. Aber auf das „sonst nichts", auf das *Handeln* eines lebendigen Glaubens kommt es eben doch an, und zwar in erster Linie.

Franziskus nämlich verband Worte des Glaubens mit einem Leben, das diesem Glauben entsprach und ihn widerspiegelte. Als er auf seiner Wallfahrt nach Rom mit dem Bettler die Kleider tauschte, steckte er mitten in einem Problem. Er hatte nämlich Geld zur Unterstützung der Kirche gegeben, von der er wusste, dass sie half, sich um die Armen zu kümmern, aber das reichte ihm nicht. Er wollte im wahrsten Sinne des Wortes in den Schuhen einer anderen Person gehen.

Heute könnte man ihn sich vorstellen (und sich mit seinem Auftrag solidarisieren), wie er sich mit seiner Gruppe von Brüdern in ihren kratzigen, geflickten Kleidern zusammentut als Freunde und Verbündete von Communities schwarzer, brauner und indigener Menschen, vereint in friedlichem Protest als Vertreter ihrer Interessen. Und man hört ihn förmlich sagen, dass *Black Lives Matter,* indigene Völker und Länder *matter,* unsere Geflüchteten-Communities und ihr Leben *matter* und die Notwendigkeit einer guten Gesundheitsversorgung für alle *matters.* Wenn man seinen Lebensweg in die Gegenwart übertrüge, könnte man sich vorstellen, wie er (und auch Sie) die religiösen Führer und die Führer von Nationen, denen Geld und Ideologie wichtiger sind als ihr Auftrag, ihrem Volk zu dienen, damit konfrontiert, dass sie zum Dienen berufen sind. Vielleicht erkennen Sie, wie er – und auch Sie selbst – immer mehr in die Grundsätze des Glaubens und Handelns, die Sie vertreten, hinein leben, und sich für die Bedürfnisse von Migranten nicht nur einsetzen, sondern Migranten tatsächlich dort begegnen, wo sie leben und/oder sie zu sich nach Hause einladen. Wie Sie mit ihnen das Brot brechen und Solidarität zeigen.

Es ist so einfach geworden – viel zu einfach –, unsere Lebensweise und unser Handeln abzukoppeln von dem, was wir sagen, und zwar auf eine Weise einfach, wie es für Franziskus unvorstellbar gewesen wäre. Sowohl Franziskus als auch Klara von Assisi – die erste Frau, die sich seiner Lebensweise anschloss und eine der mächtigsten, die das jemals getan hat – dachten an Jesu Worte „Selig sind die Sanftmütigen", wenn sie mit ihren Ängsten konfrontiert waren und auf die Menschen trafen, vor denen sie Angst hatten, weil sie von ihnen infrage gestellt oder gar bedroht wurden. Wir können uns davon inspirieren lassen, wie sie sich in persönlich und körperlich gefährliche Situationen begaben, und zwar nicht, um als Helden dazustehen, sondern um wirklich zu verstehen, was Sache war, und um sich für Frieden einzusetzen.

In der hebräischen Bibel im 3. Buch Mose verwendet der Priester, der ein Opfer darbringt, geweihtes Öl, um einen Menschen in Not zu salben und zu segnen. Dieses Öl reibt er der betreffenden Person auf Ohrläppchen, Daumen und die großen Zehen, damit sie wie automatisch körperlich daran erinnert wird, darauf zu achten, was sie hört, bei sich trägt und wohin sie geht. Franziskus war in der Welt unterwegs mit dem Gefühl, auf diese Weise gesalbt zu sein, und er verhielt sich oft so, als ob der Priester – oder Gott – ihn von hinten in die Menschenmengen Bedürftiger hineinstupste und sagte: *So, und jetzt raus da.*

6.
LEICHTFÜSSIG UNTERWEGS SEIN

Das Armutsgelübde wird in der Regel nicht als Ausdruck der Liebe zu anderen verstanden, doch für Franziskus war es genau das. Und das kann es auch für uns sein. Sich freiwillig dafür zu entscheiden, weniger zu konsumieren, weniger zu besitzen und weniger Ressourcen zu verbrauchen, die für uns alle gedacht sind – wie es jemand zum Ausdruck bringt, wenn er gelobt, in Armut zu leben –, ist eine Art, den Wert der anderen anzuerkennen. Und mit „in Armut leben" meine ich die Bereitschaft, nur mit dem zu leben, was man braucht. Der erste Papst, der den Namen Franziskus annahm, verfasste eine Enzyklika mit dem Titel „Über die Sorge für das gemeinsame Haus", in der er schreibt: „Die Umwelt ist ein kollektives Gut, ein Erbe der gesamten Menschheit, für das alle gemeinsam verantwortlich sind. Wenn sich jemand etwas aneignet, dann nur, um es zum Wohl aller zu verwalten. Tun wir das nicht, belasten wir unser Gewissen damit, dass wir das Existenzrecht der anderen leugnen. Deshalb haben die Bischöfe von Neuseeland sich gefragt, was das Gebot ‚Du sollst nicht töten' bedeutet, wenn ‚zwanzig Prozent der Weltbevölkerung Ressourcen in einem solchen Ausmaß verbrauchen, dass sie dadurch die ärmeren Nationen und die künftigen Generationen ihrer Überlebensgrundlage berauben'."[1]

Es kommt uns heute vielleicht merkwürdig vor, aber stellen Sie sich vor, wie viel merkwürdiger das Ganze damals vor 800 Jahren den Menschen vorgekommen sein muss: dass Franziskus Sanftmut praktizierte, in einem Garten Blumen anpflanzte, die er dann gar nicht pflückte, vorsichtig über Steine ging, gefangene Tiere wieder freiließ und ganz normale Alltagsgegenstände mit Respekt behandelte. Für ihn gab es nichts wirklich Unbeseeltes. Alles, was ihm begegnete, gehörte zur Schöpfung, und deshalb gab es für ihn auch keine Grobheit im Umgang mit Dingen.

Franziskus sah einen unmittelbaren Zusammenhang zwischen einem nicht bekehrten und einem groben, gedankenlosen Leben.

Seine Art von Achtsamkeit war eine andere als die, wie sie heute verstanden wird. Heute verstehen wir darunter das, was Hugh Prather, Bestsellerautor auf dem Gebiet der Selbsthilfeliteratur, in den 1970er-Jahren so wunderschön beschreibt: „Wer behutsam geht, wandelt auf heiligem Boden." Das heißt, dass wir den Ort, an dem wir uns gerade befinden, zu etwas Heiligem machen durch die Art, wie wir damit umgehen. Das lehrt auch die Praxis der Achtsamkeit, die in erster Linie aus dem Zen kommt. Gegen dieses Verständnis von Achtsamkeit ist absolut nichts einzuwenden, aber es unterscheidet sich grundsätzlich vom Weg und der Lebensweise des Franziskus. Er war nicht sanftmütig, um den Weg, auf dem er ging, zu etwas Heiligem zu machen, sondern er sah die Welt eher so wie die indigenen Völker, die die gesamte erschaffene Welt – die Welt unter unseren Füßen – als von Natur aus heilig betrachten. Er musste sie nicht mehr heilig machen, weil sie es schon war.

Franziskus hätte dem Anliegen von Luther Standing Bear, einem Stammesführer der Lakota vor einem Jahrhundert, beigepflichtet, der einmal erklärte, wieso der Ansatz der Weißen, nämlich die Natur zu beherrschen, ihm so fremd war.

„Wir fanden die große weite Prärie, die wunderschönen sanften Hügel, die sich windenden Flüsse und dichtes Dickicht gar nicht so *wild*. Nur für den weißen Mann war die Natur *Wildnis*, und nur für ihn wurde sie heimgesucht von *wilden* Tieren und *wilden* Menschen. Für uns war sie zahm. Die Erde war reich und freigiebig, und wir waren umgeben vom Segen des *Großen Geheimnisses*."[2]

Aus vielen indigenen Überlieferungen, die es im Laufe der Zeit gegeben hat, geht hervor, dass sie die Verbundenheit mit nichtmenschlichen Geschöpfen und der Erde selbst, die auch Franziskus empfand, verstanden, doch zu seiner Zeit hielt man diese Verbundenheit für seltsam, und bis heute bleibt sie irgendwie unheimlich. Wie oft hören wir denn von einem Christen, der vom Regen auf die Straße gespülten Regenwürmern hilft, indem er sie einsammelt und an anderer Stelle wieder aussetzt? Es gibt Berichte darüber, dass Franz genau das tat. Auch in dieser Hinsicht waren seine Fürsorge und sein Denkansatz so ähnlich wie bei indigenen Völkern, die sich mit Tieren, Insekten, Jahreszeiten, Vögeln, ja vielleicht sogar mit den Wirbellosen und dem Rest der erschaffenen Welt verwandt fühlten und sie als Geschenk betrachteten.

Franziskus' Sanftheit hatte auch nichts mit Romantik zu tun. Er war nicht wie der englische Dichter der Romantik William Blake, der behauptete, alle Tugend sei in der Unschuld begründet, nur um dann später durch Erfahrung zerstört zu werden. Sanftheit war Franziskus' Moralkodex, und seine Moral war gewollt. Schauen Sie sich noch einmal die frömmsten Originalberichte über die Begegnungen an, die seinen Weg zur Bekehrung markieren, und Sie werden sehen, was für ein Kampf es für ihn war, das Richtige zu tun. Sie werden sehen, wie zwiegespalten er war – zum Beispiel, als er auf der Straße an dem Leprakranken vorbeiging, kalt und ungerührt, dann aber mit Gefühl, Interesse und aus Fürsorge noch einmal umkehrte und ihn suchte. Immer wieder kehrte er um, und nichts anderes bedeutet ja „Bekehrung".

Seine Sanftheit wurzelte in seiner Ohnmacht, die er auch als Kleinheit begriff. Klein zu sein hieß, das infrage zu stellen, was wir normalerweise anstreben, nämlich stets stärker, einflussreicher und wichtiger zu sein – oder wenigstens so zu tun. Die Menschen sind die einzige Gattung, die Geschichte schreibt, und wir sind auch die Einzigen, die sich selbst als Mittelpunkt von allem betrachten. Als ob das gesamte Universum ausschließlich dazu da wäre, dass wir ungefähr 80 Jahre auf diesem einen Planeten verbringen dürfen.

Franziskus ist der Vogeltränken-Heilige, aber vergessen Sie dieses Bild von ihm. Betrachten Sie ihn lieber als einen, der begriffen hatte, dass Tiere, Vögel und Insekten in Situationen wieder nach Hause finden, in denen das Menschen niemals gelingen würde. Er wusste, dass solche Geschöpfe Gesichter wiedererkennen oder sich gegenseitig am Geruch und durch Instinkt erkennen, und auf dieser Ebene fühlte er sich mit ihnen verwandt. Er saß nicht einfach da und fand es am allerwichtigsten, dass Vögel auf seinen Fingern hockten, sondern er beobachtete sie, staunte über ihre Eigenschaften und lernte von ihnen.

Seine Reaktion auf Tiere, Vögel und Insekten ist nicht so, wie wir es von Beziehungen zwischen Menschen und anderen Geschöpfen heute erwarten. So lag ihm beispielsweise nicht das Geringste daran, Tiere zu domestizieren, und er setzte sie auch nicht als Nutztiere für seine Zwecke ein. Seine Verbindung zum Geschöpf war ganz kindlich. Er schrieb sogar in seiner *Regel* für diejenigen, die sich ihm als Brüder anschließen wollten: „Alle Brüder – die Geistlichen wie auch die Laien – sollen, wenn sie in der Welt unterwegs sind oder an unterschiedlichen Orten wohnen, nie Tiere bei sich haben, jemand anderem ein Tier der Fürsorge anvertrauen oder auf andere Weise eines halten."[3] In den ersten Gemeinschaften der Anhänger von Franziskus gab es keine Haustiere. Weder Katzen auf dem Schoß noch Hunde am Herd, geschweige denn Tiere, die als Fortbewegungsmittel „genutzt" wurden; es sei denn, jemand war gebrechlich.

Am erstaunlichsten war Franziskus' Bezug zu Vögeln, wenn er auf der Straße zu ihnen „predigte". Die meisten Menschen haben kaum eine Beziehung zum Leben der Federtiere. Wir kennen sie vielleicht vom Sehen, stellen Futterhäuschen auf und können mithilfe von Bestimmungsbüchern oder Apps ihre Art unterscheiden, aber es ist ja nicht so, dass Vögel ohne unser Eingreifen obdachlos wären oder Hunger leiden müssten. Diese vermeintlichen Hilfsgesten dienen vielmehr in erster Linie dem Zweck, sie näher an uns heranzulocken, um sie beobachten zu können und das Gefühl zu haben, an ihrem Leben, das sich so sehr von unserem eigenen unterscheidet, unmittelbar teilzuhaben.

Als Franziskus den Vögeln predigt – und das ist ja oft das Erste, was man über ihn erfährt –, geschieht das in einer Zeit großer persönlicher Verunsicherung. Er streunte außerhalb der Stadt in den Feldern umher und blieb stehen, weil er eine Ansammlung von Vögeln sah. Er blieb also stehen und begann – unerklärlicherweise – zu predigen. Wirklich „zu predigen"? Es scheint so. Jedenfalls berichtet Thomas von Celano: „Von dem Tag an hielt er alle Vögel, alle Tiere, alle Reptilien und auch empfindungslose Kreaturen dazu an, den Schöpfer zu lieben und zu preisen."[4] Wie seltsam das den Menschen in seiner Umgebung vorgekommen sein muss.

Da kommt der Sohn von Bernadone wieder aus den Bergen zurück.

Hast du schon gehört, dass er jetzt auch schon den Vögeln Predigten hält?

Ja sicher. In Assisi will ihm ja keiner zuhören.

Aber den Vögeln predigen? Er würde doch sicher bei den Leprakranken im Tal Zuhörer finden.

Die hören ihm wahrscheinlich zu, solange er ihnen Wasser und Futter bringt.

Die Vögel können ihn haben.

Franziskus scheint Tiere, Vögel und Käfer als das erkannt zu haben, was und wer sie waren. Zum Beispiel den ansonsten ja unscheinbaren Zaunkönig – der auf dem berühmten Fresko von Giotto di Bondone dargestellt ist, das diese Vogelpredigt festhält und in der Basilika von Assisi hängt. Der Frühlingsruf des Zaunkönigs ist so laut und ungestüm, dass er einen stillen, besinnlichen Moment ohne Weiteres zunichtemachen kann. Aber was wissen wir schon über Zaunkönig-Melodien oder sonstige Gespräche zwischen Vögeln? – Vielleicht handelt es sich dabei ja auch um eine Andacht, nur in einer anderen Stimmlage? Genauso faszinierend ist es, den Schwalben zuzuschauen, wie sie über die Wasseroberfläche eines Sees hinweggleiten und eintauchen. Nur, das tun sie auch, um zu fressen. Ihre atemberaubende Akrobatik ist nicht dazu da, uns zu faszinieren. Nach allem, was wir wissen, ist der Sturzflug von Schwalben in der Vogelwelt eher mit einer Art Todesschwadron zu vergleichen als mit einer Truppe eleganter Tänzer. Vielleicht beobachtete und erkannte Franziskus einfach, was er unmöglich über sie „wissen" konnte.

Besonders bestürzend ist folgender Abschnitt von seinem ersten Biografen, Bruder Thomas von Celano:

„Selbst für Würmer hatte er eine herzliche Liebe, seit er folgenden Text über den Heiland gelesen hatte: *Ich bin ein Wurm und kein Mensch*. Deshalb sammelte er sie auf der Straße auf und brachte sie an einen sicheren Ort, wo sie nicht von den Füßen Vorbeigehender zermalmt werden konnten.

Was soll ich über die anderen niederen Kreaturen sagen? Im Winter gab er den Bienen Honig oder den besten Wein, damit sie nicht vor Kälte umkamen. Er lobte die Kunstfertigkeit ihrer Arbeit und ihre erstaunliche Genialität, durch die der Herr verherrlicht wurde. Für solche Ergüsse zu ihrem Lob und dem Lob anderer Geschöpfe nutzte er oft einen ganzen Tag oder noch mehr Zeit.

Die drei jungen Männer im *Feuerofen* luden einmal alle Elemente ein, *den Schöpfer zu preisen und zu verherrlichen*, genauso hörte auch *dieser Mann, der erfüllt war vom Geist Gottes,* nie auf, den Schöpfer und Herrscher aller Dinge, aller Elemente und aller Kreaturen zu *verherrlichen, zu preisen und zu segnen*.

Wie groß wohl die Wonne seiner Seele war, wenn er die Schönheit der Blumen sah, wann immer er einen Blick auf ihre vielen unterschiedlichen Formen erhaschte und ihren Duft roch? Er richtete den Blick sofort auf die Schönheit der betreffenden Blume, in all ihrer Pracht im Frühling, entsprungen *aus der Wurzel Jesse*. Durch ihren *Duft* erweckte sie unzählige Tausende von den Toten auf. Immer wenn er eine Fülle von Blumen fand, predigte er ihnen und lud sie ein, den Herrn zu preisen, als wären sie mit Verstand ausgestattet."[5]

Bruder Thomas mag ein wenig übereifrig dabei gewesen sein, diesen seltsamen Verhaltensweisen irgendwie eine biblische Grundlage zu verschaffen, aber trotzdem, wie schön das klingt! Nur ein paar Zeilen weiter fasst der Poet Thomas die Schlussfolgerung dieser Szene in Verse:

Finally, he used to call the creatures
by the name of „brother" and „sister"
and in a wonderful way, unknown to others,
he could discern the *secrets of the heart* of creatures
like someone who has already passed
into the freedom of the glory of the children of God.[6]

(Am Ende nannte er alle Geschöpfe
„Bruder" und „Schwester"
und auf wunderbare Weise, den anderen unbekannt,
konnte er die *Herzensgeheimnisse* der Geschöpfe erkennen.
wie jemand, der schon
in die *Freiheit der Herrlichkeit der Kinder Gottes* hinüberge-
gangen ist.)

Vielleicht ist Franziskus' Fähigkeit, den Wesenskern nicht-
menschlicher Geschöpfe zu erkennen, eher mit natürlichen
als mit geistlichen Gründen zu erklären, aber ich werde doch
nicht die Begeisterung seines Biografen über das, wovon er da
Zeugnis ablegt, dämpfen oder gar ganz auslöschen!

Vielleicht fragt sich jetzt mancher, ob Franziskus' achtsa-
mes Schreiten über die Erde auch Pflanzen einschloss. Fran-
ziskus-Forscher halten selten inne, um sich auch mit seiner
Beziehung zu Pflanzen zu befassen, schließlich erwähnt dieser
selbst nur Blumen, und bis vor Kurzem wusste man ja noch
kaum etwas über die Kommunikation von Pflanzen. Vor gar
nicht langer Zeit bot ein französischer Philosoph folgende
Überlegung an, die elliptisch beschreibt, was Pflanzen beson-

ders Außergewöhnliches tun: „Sie klammern sich an der Erdoberfläche fest, um besser in die Luft und den Boden vordringen zu können. Sie verankern sich willkürlich irgendwo und zeigen sich allem und jedem in der sie umgebenden Welt, egal von welcher Form und Art die ist. Sie wechseln nie den Standort, um so zu ermöglichen, dass die Welt umso mehr eins wird mit uns."[7]

Was der Philosoph hier feststellt, könnte man auch bei Franziskus wiederfinden: Pflanzen nutzen Sonne und Luft, um daraus Nahrung für sich selbst und andere herzustellen, ohne dafür etwas zu nehmen oder zu verlangen. Den Berichten nach, die uns über Franziskus vorliegen, waren Blumen vielleicht die einzigen Pflanzen, denen er Beachtung schenkte, aber vermutlich war ihm klar, dass sie über eine natürliche Bescheidenheit verfügen, die alle menschlichen Versuche in diese Richtung übertrifft.

In Anbetracht dessen, was über die Einstellung der Menschen im Mittelalter zu nichtmenschlichen Gattungen bekannt ist, und in Verbindung mit dem Vermächtnis des Franziskus, wie es von den Hagiografen kunstvoll gestaltet wurde, kann man wohl mit einiger Sicherheit sagen: Neben jeder Anekdote über seine seltsamen Verhaltensweisen, die in den frühesten Biografien erwähnt werden – beispielsweise dass Franziskus auch behutsam über Steine ging und Blumen Predigten hielt –, gibt es sicher noch viele weitere, die jedoch von seinen Zeitgenossen oder Nachfolgern entfernt wurden, um Skandale zu vermeiden. Franziskus' Haltung gegenüber Pflanzen und Tieren war nämlich für die damalige Zeit absolut schockierend.

Der Dichter Rainer Maria Rilke schrieb einmal in einem Brief über eine großartige Skulptur, „Sogar die Steine älterer Kulturen waren nicht still",[8] und deutet damit an, dass das Werk eines Bildhauers im Grunde schon bereit ist, Kunst zu werden, noch ehe es von einem Meißel berührt wird, weil der Stein selbst voller Leben ist. Die Kunstfertigkeit des Bildhauers holt nur aus dem Stein heraus, was dort schon vorhanden ist.

Ich weiß nicht, ob Franziskus jemals große Skulpturen gesehen hat, aber er hatte diesen Künstlerblick für die Lebendigkeit des Mediums.

Ein weiterer Künstler des frühen zwanzigsten Jahrhunderts, Wassily Kandinsky, schreibt in dem Werk *Über das Geistige in der Kunst* über den Künstler Paul Cezanne, dass er „mit der Gabe gesegnet war, das Innerste alles Lebendigen aufzuspüren".[9] Das zeigt sich bei Cezannes Stillleben, auf denen er Dinge wie eine Zuckerdose, einen Baum und Obststücke lebendig werden lässt. Mit dem Pinsel versucht er zu zeigen, dass jedes Ding, belebt oder nicht belebt, *atmet*. – Auch Franziskus betrachtete die Welt auf diese mystische Art.

Vielleicht kannte Franziskus die Geschichten aus der Heiligen Schrift, in denen Steine eine Rolle spielen: Dass es ein Stein war, auf den Jakob in der Nacht seinen Kopf bettete, als er von Engeln träumte, die auf einer Leiter in den Himmel hinauf- und von dort herabstiegen. Dann gab es den Stein, den David für seine Steinschleuder benutzte, um den Riesen Goliath zu töten. Und ein Stein spielt eine wichtige Rolle, als Daniel den Traum von König Nebukadnezar deutete, in dem er ihn gegen eine Statue schleuderte. Außerdem waren da auch noch die Steine, mit denen die Menschenmenge den heiligen Stephanus, den ersten christlichen Märtyrer und wahrscheinlich den ersten Katecheten des Glaubens, steinigte und umbrachte. Und die belebte Materie, von der Jesus sprach, als er sagte, dass selbst die Steine schreien würden (Lukas 19,40).

Indem Franziskus seine Füße behutsam auf die erschaffene Erde setzt, indem er auf Vögel, Blumen, die Sonne, den Mond und die Steine auf dem Boden achtet, lehrt er uns bis heute etwas. Aber vor allem begreife ich Franziskus' Gewohnheiten und seine innere Einstellung als Teil seiner Demut, und sie ist etwas, das wir wiederentdecken und zurückgewinnen müssen. Die Ressourcen der Erde müssen zwischen ihren Bewohnern gerecht geteilt und mit achtsamer Sorgfalt erhalten werden. Ob es Wirbeltiere sind, Wirbellose, Fische, Pflanzen oder Steine, wenn wir uns umorientieren und die Dinge ehrlich ansehen, wie sie sind, dann merken wir, wie nebensächlich wir Menschen eigentlich sind für all das, was ist. Denn „die Welt ist der Atem alles Lebendigen" und nicht durch unsere Anwesenheit und Erfahrung definiert.[10]

7.
MACHT
ABLEHNEN

Franziskus lebte in einer Zeit und an einem Ort, wo Menschen ohne Weiteres intime Details über jeden aus ihrer Stadt oder ihrem Ort erfahren konnten. Das können sich Menschen von heute, die vielleicht selbst nach Jahren nicht mal die Namen ihrer Nachbarn kennen, wahrscheinlich nur schwer vorstellen. Aber Anfang des 13. Jahrhunderts gab es so etwas wie *Geschwindigkeit* noch gar nicht: Das schnellste Beförderungsmittel war ein Pferd, das sich allerdings kaum jemand leisten konnte. Hörte man Pferdehufe, war die Wahrscheinlichkeit groß, dass ein reicher Landbesitzer einem einen Besuch abstattete oder ein Bischof auf der Durchreise war.

Bei einer allgemein so langsamen Fortbewegungsart – sprich Gehgeschwindigkeit – sieht man viel mehr als bei schnellerer Fortbewegung. Man lernt jedes Haus kennen, weil man ganz nah daran vorbeigeht, genau wie jedes Feld und jedes Flussufer. Und man trifft auch dieselben Menschen wieder und lernt sie dadurch auf eine Weise kennen, die uns aus der heutigen Sicht merkwürdig, ja geradezu skurril erscheint.

Im Laufe der ersten zehn Jahre öffentlicher Anzeichen des bekehrten Lebens von Franziskus wuchs die Anzahl der Ordensbrüder, die sich seiner Gruppe anschlossen auf fünf- bis sechstausend Seelen, und es gab sie in mehreren Ländern. Das war ein Wachstum jenseits aller Vorstellungskraft.

Papst Innozenz III. aus Rom hatte Franziskus die Erlaubnis gegeben, ein Leben als Büßer zu führen und auch Buße zu predigen. Was konnte es schon schaden? Aber dann … 5000 Ordensbrüder? Das konnte Ärger bedeuten.

Er ist ein Mann in Lumpen, Heiliger Vater.
Was kann er schon für Schaden anrichten?

Männer in Lumpen mit heiligen Absichten werden oft
Männer mit Einfluss.

Aber wo soll er denn Einfluss bekommen, eure Heiligkeit? Bei
anderen, die ein Leben der Buße und Unterwerfung unter den
Willen Gottes führen wollen?
Das kann doch für den Heiligen Stuhl nur gut sein.

Wir werden sehen.

Viele von Franziskus' Anhängern waren jung und nicht von Anfang an persönlich mit ihm in Kontakt gewesen, sodass sie auch nicht von ihm persönlich seine Lebensweise gelernt und übernommen hatten. Sie drängten jetzt auf rasche Veränderungen.

Sie wollten dazu aufgefordert werden, wohltätige Arbeit zu tun und dadurch Kontakte mit anderen Orden und zur Kurie in Rom zu knüpfen. Und sie wollten einen festen Standort, um ein Zuhause zu haben, einen Ort, dem sie sich zugehörig fühlten. Sie waren der Meinung, nicht wirklich eine Kraft in der Welt werden zu können, solange sie keine eigenen festen Standorte oder Häuser hatten. Die kleinen Kapellen, die sie renoviert oder wiederaufgebaut hatten, gehörten anderen Priestern und Orden. Sie brauchten richtige eigene Kirchen und Klöster, auf denen ihr Name stand, und

Schulen, auf die der junge Nachwuchs geschickt werden konnte, um für die franziskanische Ordination ausgebildet zu werden.

Sie wollten Bildung, aber Franziskus warnte vor Bücherwissen. Es mache stolz, sagte er, und stehe möglicherweise dem praktischen geistlichen Leben im Weg. Um ein Herz für Gott zu entwickeln, seien Bücher bestenfalls der zweitbeste Weg, aber sie seien gut, weil wir wissen, wie wir sie nutzen können. Deshalb forderte Franziskus jeden Bruder auf, auch mit den Händen zu arbeiten, und zwar nicht für Geld, sondern um des eigenen Seelenheils willen. Jeder Bruder sollte täglich eine Zeitlang nicht mit dem Kopf, sondern mit den Händen arbeiten. Doch für viele war das Ziel, Professoren an den großen Universitäten zu werden, die in Westeuropa wie Pilze aus dem Boden schossen. Ein Professor war ein „Meister" mit Schülern, und so könnten sie den anderen Orden zeigen, dass Franziskaner nicht nur mit den Händen arbeiten konnten, sondern auch etwas im Kopf hatten.

Viele Brüder verspürten den Wunsch, zum Priester geweiht zu werden, aber auch dazu hatte Franziskus eine zwiegespaltene Haltung. Er wollte unbedingt, dass die Brüder jede Art von Status mieden, wenn möglich auch den des Priesteramtes. Er war nämlich der Meinung, dass gerade Priester am allermeisten zu Demut und Bescheidenheit aufgerufen waren. Schließlich war der Name, den er der Glaubensbruderschaft gegeben hatte, *Ordum Fratro Minorum* (Minoriten), was bedeutet „kleine" bzw. „mindere" Brüder, und das *Klein* im Namen nahm er sehr ernst.

Franziskus' anfängliche Aktivitäten als Wanderprediger waren vielleicht noch keine akute Bedrohung für den Status quo der Kirche, aber sie waren doch riskant. Offiziell zugelassene Prediger außerhalb der normalen Geistlichkeit und der Kirchen hätten nämlich etwas sagen können, das einen ortsansässigen Priester oder Bischof infrage stellte oder ihm widersprach. Es gab deshalb Leute, die wachsame Augen und Ohren auf das hatten, was Franziskus tat und sagte. Und weil sein Einfluss auf Menschen in jenem ersten Jahrhundert tiefgreifend und einzigartig war, wurde schon bald zunächst ein Bischof und dann ein Kardinal ernannt, um auf die junge Ordensgemeinschaft „aufzupassen", als eine Art „Fluraufsicht" für die Kirche.

Franziskus hielt sich auf dem Land in Umbrien und in der Toskana auf, so wie ein Jahrhundert zuvor die *Baul* in Bengalen, die als Wandermusiker eine eigene soziale und familiär abgeschlossene Gruppe bildeten. *Baul* bedeutet „dem Wind gehörend", wobei diese Verwendung von „Wind" eine Mischung aus Atem, Luft und Geist bedeutet, so wie bei *pneuma* im Altgriechischen und *ruach* im Hebräischen. Baul-Lieder waren eine Art Predigt, so wie auch frühe franziskanische Predigten im Grunde eine Art Gesang für Gott waren.

Die frühen Predigten von Franziskus und seinen Freunden sollten gefährlich sein für leichtfertige Vermutungen, für den Status quo und für ein Leben ohne den Geist. Die folgenden Worte aus einem etwa fünfzig Jahre alten Baul-Lied würden sich leicht in die Sprache von Franziskus vor achthundert Jahren übersetzen lassen: „Wenn du deinen Geist bezwingen willst, stelle eine Bande von Banditen zusammen; benutze Hingabe als Hebelpunkt und brich ein in das Haus des Dharma."[1] *Dharma* bedeutet religiöse Lehre oder Haus des althergebrachten Glaubens. In jener ersten Zeit war Franziskus mit seiner Bande von Banditen leise, wenn er Menschen zeigte, wie sie ihren geistlichen Windhauch durch stillen Widerstand erlangen konnten.

Macht abzulehnen und sich ihr zu widersetzen, geschieht in vielen unterschiedlichen Formen, aber fast alle sind sie leise. Wer sich dreist und verwegen gegen Macht auflehnt und sich ihr verweigert, lehnt sie im Grunde gar nicht ab.

Im Fall von Franziskus ist es deshalb so wichtig, besonders auf das zu achten, was er *nicht* tat und worüber wir bei ihm *nichts* hören. Zum Beispiel schrieb er nicht seine Träume auf. Er sprach auch mit niemandem über ganz persönliche Offenbarungen von Gott, jedenfalls nicht mehr nach dem Beginn seines Glaubenslebens – dem Moment in der zerfallenen alten Kapelle San Damiano, als er hörte: „Geh, baue meine Kirche wieder auf." Und nicht einmal seinen engsten Freunden erzählte er von der Offenbarung eines Christus im Himmel in Gestalt eines Engels, der zu ihm kam und ihm Stigmata zufügte. Auch diese Szene lassen wir jetzt auf sich beruhen, weil er selbst genau das auch getan hat.

Franziskus lehnte es ab, sich auf die Weise Macht zu verschaffen, wie es die meisten Menschen tun, die nach Macht streben. Vielmehr war es so, dass Menschen sich wegen eines authentischen Charismas und Geistes zu ihm hingezogen fühlten, und beides kam zweifellos von Gott.

Er blieb ein gehorsamer Sohn der katholischen Kirche, der stets denjenigen Respekt entgegenbrachte, die für den Dienst in der Kirche geweiht waren. Aber er wusste auch um die Schwächen dieser Kirche und glaubte, dass er und andere ihr aus einem bestimmten Grund angehörten: „Wir sind gesandt worden, um den Klerikern bei der Errettung von Seelen zu helfen, dass wir sie mit dem versorgen, was auch immer ihnen fehlen mag", sagt er.[2] Und fügt dann noch hinzu: „Jeder wird seinen Lohn empfangen (im künftigen Leben), aber nicht gemäß seiner Autorität, sondern gemäß der Werke, die er verrichtet."

Das machte Bischöfe und Päpste nicht gerade glücklich, und die scheinbare Leichtigkeit und Häufigkeit, mit der die Kirche Päpste heiliggesprochen hat, spricht dagegen, dass das, was Franziskus zu dieser Angelegenheit zu sagen hatte, weitgehend akzeptiert oder befolgt worden wäre. Er spricht sogar davon, dass manche Geistlichen „die Rettung von Menschen behinderten", und verspricht, dass wenn das geschehe, Gott sie für den Schaden, den sie anrichteten, strafen werde.[3]

Diese Differenzen erreichten ihren Höhepunkt ungefähr zu dem Zeitpunkt, als Franziskus von seinem berühmten Treffen mit dem Sultan in Ägypten zurückkam. Bei seiner Rückkehr nach Assisi merkte Franziskus, wie weit er von der täglichen Arbeit im Orden entfernt gewesen war, denn die langen Reisen nach Ägypten hatten zu Spaltungen bei den Minoriten geführt, und als er all die Veränderungen bemerkte und die Konflikte, die entstanden waren, trat er von der Leitung des Ordens zurück. Die Bewegung, die er, ohne es zu wollen, ins Leben gerufen hatte, war zu groß geworden. Sie war mit den ursprünglichen Idealen und auf die sehr persönliche, intime Art, wie sie einst gewachsen war, nicht mehr lenkbar. Deshalb traf Franziskus die Entscheidung, jemand anderen leiten zu lassen. Er war weiterhin beteiligt, predigte und lehrte, nahm an Versammlungen teil, bat dabei die neuen Leiter sogar um Erlaubnis, sprechen zu dürfen, aber er war froh, die Leitung abgeben zu können, weil er wusste, dass Macht Menschen oft negativ verändert und dann ihnen selbst und anderen schadet.

Franziskus war wie der Mönch, der Ende des 13. Jahrhunderts für kurze Zeit die Kirche führte, Papst Coelestin V., der bereitwillig als Pontifex zurücktrat, weil er mit den Schalthebeln der Macht nichts zu tun haben wollte. Er war Oberhaupt von etwas geworden, mit dem er gar nicht mehr einverstanden war. Für Franziskus war das Praktizieren einer unverwechselbaren Art der Nachfolge Christi und der Wunsch, andere ebenfalls dazu zu inspirieren, etwas ganz anderes, als Generaloberer eines großen internationalen Unternehmens zu sein.

Für ihn und seine geistliche Ausrichtung blieben allein die Worte des Rabbi-Heilands Jesus wichtig. Unter anderem: „Ich versichere euch: Wenn ihr nicht umkehrt und werdet wie die Kinder, werdet ihr nie ins Himmelreich kommen." Ob es 5000 Brüder waren oder nicht, für ihn waren weder Kultiviertheit noch religiöse Berufung notwendig, um das zu vollbringen, wozu er sich von Gott berufen fühlte.

8.
AUF DAS
INNERE TIER
HÖREN

In den Aufzeichnungen des Lebens von Heiligen wird oft besonders hervorgehoben, wie sie gegenüber der Welt „starben", während ihr Leben weiterging, so als hätten sie die sinnlich wahrnehmbare Welt hinter sich gelassen und nur in einer Art geistlichen Sphäre gelebt. Doch bei Franziskus waren Geist und Materie von Anfang bis Ende sinnhaft miteinander vermischt. Ich habe keinen Zweifel daran, dass er nach seiner Bekehrung weltliche Dinge wie Lust, Gier und Faulheit, die es in seinem früheren Leben alle gegeben hatte, zügelte und diese seitdem nachgelassen hatten. Doch „seine Sinne schränkte er nicht ein", heißt es in einem frühen Bericht über ihn.[1] Er hätte niemals die Schöpfung Gottes geringgeschätzt.

Im Gegenteil, seine Sinne wurden im Laufe seines Lebens immer schärfer, und er nahm immer mehr wahr. Er sah, hörte und ertastete die Welt auf eine Art, wie er es sich früher niemals hätte vorstellen können. Dabei war es nicht so, dass er Engel in Bäumen sah oder wie der Prophet Elia im Streitwagen über den Himmel fuhr, sondern er nahm jetzt die Vögel in den Bäumen wahr, die er früher gar nicht bemerkt hatte. Und er sah, wie sich der Wind regte, und fühlte sich mit der Sonne verwandt auf eine Weise, die ihn manchmal atemlos werden ließ vor Staunen, wenn er den Himmel beobachtete.

Das alles wissen wir, weil wir die von ihm selbst verfassten Schriften besitzen, in denen die Wildnis gepriesen und mit den Wegen Gottes verglichen wird. Darin werden Geschöpfe „Schwestern" und „Brüder" genannt, und es gibt auch viele Berichte über lange Zeiten des Rückzugs, in denen Franziskus allein in die Berge ging.

Aus all diesen Berichten geht oft hervor, dass seine Freunde sich zwar in der Nähe – aber nicht allzu nah bei Franziskus – aufhielten, weil der sie immer wieder bat, ihn allein zu lassen.

Hast du ihn heute gesehen? Ich nicht.

Ja. Was glaubst du, was er macht?
Er ist allein da oben, hat nicht einmal Bücher oder etwas zu essen dabei.

Kann es sein, dass er gar nicht hungrig oder durstig wird?

Eine ganze Woche lang?

Vielleicht.

Ich weiß es nicht.

Ich nehme an, er kommt zurück, wenn er so weit ist.

Vielleicht habe ich trotzdem lieber aus der Ferne ein Auge auf ihn.

Franziskus schien die unabdingbare Einsamkeit eines gut gelebten Lebens begriffen zu haben. Ihm war bewusst, dass jeder, der auf dem Sterbebett liegt, allein stirbt, selbst wenn er dabei von Freunden umgeben ist. Auch hatte er begriffen, dass man letztlich auch allein lebt und sich deshalb wohlfühlen muss mit dem Alleinsein wie auch damit, mit dem Alleinsein alleine zu sein.

Die meisten von Franziskus' Wundern waren ganz gewöhnlich und nicht von der üblichen Art frommer Heiligen-Berichte. Im Unterschied zum Apostel Paulus hatte Franziskus, während er auf einer Straße irgendwohin unterwegs war, keine Christusvisionen. Aber alles, was ihm unterwegs begegnete, nahm er positiv auf – selbst Räuber, deren Drohungen ihn nicht aus der Fassung bringen konnten.

An dem besagten Tag war Franziskus singend unterwegs, als eine Gruppe gesetzloser Banditen sich ihm näherte und ihn bedrohte. *Hey, du Narr. Gib uns alles, was du hast.* Banditen waren im Mittelalter auf den unbewachten Straßen in Italien nichts Besonderes, aber Franziskus hatte natürlich nichts von Wert bei sich, und das machte die Männer wütend. Sie behandelten ihn grob und zerrissen seine ohnehin schon geflickten Kleider. *Es gibt nichts mehr, was ihr mir wegnehmen könnt*, sagte Franziskus sinngemäß zu ihnen. Er war zwar ein Narr, aber einer, der mehr sah, als sich irgendjemand vorstellen konnte.

Franziskus begegnete dem Wolf, den Banditen und den Leprakranken auf der Grundlage der jeweiligen Lebensrealität und sprach genau in diese Situation hinein: Beim Wolf hörte er, dass dieser Hunger hatte. Bei den Banditen sprach er an, was sie denn stehlen wollten, und zeigte ihnen auf, dass er in seinem Inneren etwas hatte, das ihm nicht genommen werden konnte. Und als er dem Leprakranken begegnete, traf er auf seine eigene Angst, sein eigenes inneres Tier, und wies es ab, indem er umkehrte, noch einmal zu dem Leprakranken zurückging und ihn umarmte.

Über diese Lektion – sich selbst und anderen Geschöpfen, so wie wir sind, auf der Grundlage unserer Gemeinsamkeiten zu begegnen – denke ich oft nach …

Vor ungefähr zwanzig Jahren lebte ich mit meiner Familie in einer Blockhütte in den Wäldern von Vermont. Von Nachbarn erfuhren wir von Gerüchten, dass in der Gegend ein Schwarzbär herumstreune, doch wir bekamen nur Rehwild, manchmal einen Elch, in der Dämmerung Fledermäuse, nachts Eulen und das ganze Jahr hindurch wilde Truthähne zu sehen. Ein Bär jedoch ließ sich bei uns auf dem Hügel nicht blicken.

Irgendwann kaufte ich für unsere Kinder Kaninchen und setzte sie in einen etwa 1,50 Meter großen Stall am Rande des Gartens. Am ersten Tag und in der ersten Nacht schienen sie glücklich und zufrieden, aber als ich am zweiten Morgen nachschaute, hatte irgendein Tier das Drahtgitter des Stalls auseinandergebogen und die Kaninchen herausgeholt. Zum Glück waren die Kinder nicht dabei, als ich das Malheur entdeckte. Ich fand Blut, aber keine Häschen mehr, und ich belog meine Kinder, indem ich munter sagte: „Ich glaube, sie sind in den Wald ausgerissen." Aber ich dachte nicht daran, dass es ein Bär gewesen sein könnte.

Kurz nach der Sache mit den Kaninchen übernahmen wir zwei Hauskatzen, von denen die eine unvergessen ist, weil sie sich schlicht weigerte, eine Hauskatze zu bleiben. Als sie zu uns kam, hieß sie *Bowie-hena*, das kommt aus dem Hebräischen (mein Kollege war Jude) und bedeutet „komm her". Sie war eine sogenannte Hauskatze ohne Krallen, aber schon in dem Moment, als sie bei uns in unserem Blockhaus ankam, war klar, dass sie etwas anderes im Sinn hatte. Sobald irgendjemand von uns die Tür öffnete, und war es nur ein noch so kleiner Spalt, war Bowie da und versuchte – fast immer mit Erfolg –, hinaus in den Sonnenschein zu entwischen.

In den ersten beiden Wochen rannten wir ihr noch jeden Tag in den Wald hinterher und holten sie wieder zurück ins Haus. Wir waren sehr darauf bedacht, uns gut um unsere neuen Tiere zu kümmern und lebten ständig mit der Angst, dass Bären und andere Tiere ihnen nachts etwas antun könnten. Wirklich tagtäglich liefen wir Bowie durch Wald und Unterholz hinterher, bogen Äste zur Seite und riefen panisch ihren Namen. Doch nach ungefähr fünfzehn Tagen mit diesem Spielchen reichte es mir. Außerdem war es lächerlich. „Diese Katze weigert sich, im Haus zu leben. Wenn sie von Wölfen oder einem Bären gefressen wird, sei's drum", sagte ich schließlich, und von dem Moment an durfte Bowie, wenn auch zögerlich, kommen und gehen, wie sie wollte.

Ich rechnete damit, dass sie nach spätestens einer Woche tot sein würde, denn schließlich hatte sie bisher als Hauskatze in einer Mietwohnung und nicht in den Wäldern von Vermont gelebt. Ich vermutete, dass Bowie keine Ahnung hatte, auf was sie sich da einließ, aber das war ein Irrtum, denn offenbar war genau dieses Leben ihre Bestimmung. Es kam nämlich so, dass Bowie-hena, so wie sie war – ohne Krallen und mitten in den Wäldern von Vermont mit all den Tieren, die es dort nachts gab –, noch weitere zwölf Jahre lebte.

Als Bowie zu uns kam, musste ich an den heiligen Franziskus denken, weil er nichts von Haustieren hielt. Er liebte die Wildheit der Geschöpfe – das, was er als ihr natürliches Verhalten betrachtete – und bat seine Mitbrüder, Tiere dort zu lassen, wo sie waren.

Er wusste stets das Wilde in der Schöpfung zu würdigen.

Als Franziskus einmal mit einem Fischer in dessen Boot hinausgefahren war, fing der Fischer einen besonders großen Fisch und schenkte ihn Franziskus. Daraufhin küsste Franziskus den Fisch und setzte ihn zurück ins Wasser. Noch berühmter ist die Geschichte von Franziskus' erster Geste, nachdem er sich bekehrt hatte. Er kaufte auf dem Markt Singvögel in Käfigen und ließ sie alle frei, denn er hatte immer das Gefühl, dass nach Gottes Willen und Absicht Vögel frei sein, singen und fliegen sollten.

Franziskus stellte diese von Gott gewollte Wildheit auch bei sich selbst fest. Immer wieder verbrachte er längere Zeit in der wilden Natur. Die Szenen seines Lebens dokumentieren keine klösterlichen Szenen oder lange Aufenthalte in Kirchen, sondern es sind Szenen im Freien, in der Natur, in einsamen Höhlen, in der Nähe von Bäumen. Nachdem er seinen Vater und die Menschen in der Stadt verlassen hatte, fing er zwar an, in Kirchen zu schlafen, aber diese Phase seines Lebens dauerte nicht lange. Die nächsten Szenen fanden dann in den Bergen, in Höhlen oder in den Wäldern statt. Er tauschte das kultivierte, zivilisierte Leben seiner Kindheit gegen eine ursprünglichere Lebensweise und Orte ein, um Gott zu finden und mit ihm zu kommunizieren.

Jetzt spulen wir im Zeitraffer viele Jahre vor: Bowie lebt nicht mehr, hat mir aber von sich und über Franziskus eine wertvolle Lektion hinterlassen ...

Ich lebe inzwischen in Wisconsin, wo ich immer noch viel Zeit in den Wäldern in der Nähe eines Sees verbringe. Im vergangenen Winter vor Frühlingsbeginn, als der See noch halb zugefroren war, sahen wir, wie die ersten Kanadakraniche eintrafen. Am ersten Tag gingen meine Tochter und ich an dem noch weitgehend zugefrorenen See entlang, und als uns zwei der Kraniche anblafften, holten wir unsere Kajaks und näherten uns ihnen langsam von der Wasserseite aus, um sie uns aus der Nähe anzuschauen, wie sie bedächtig auf ihren langen Beinen auf dem fast gefrorenen Morast am Ufer herumstolzierten. – Das gefiel ihnen nicht, und sie setzten ihre langen Flügel in Bewegung und flogen davon.

Am nächsten Tag wiederholten wir das Ganze noch einmal in der Hoffnung, die schönen und seltenen Kraniche doch noch aus der Nähe beobachten zu können. Den Sommer verbringen sie nämlich in der Gegend, wo es weite Landstriche stillen Farmlands an kleinen Seen und Flüssen gibt. An etwas abgelegenen Stellen des Sees folgten wir ihnen möglichst unbemerkt.

Am dritten Tag waren die Kanadakraniche dann weg, anscheinend endgültig. Zweifelsohne haben wir sie wohl letztlich verscheucht. Durch unsere Neugier, ihr wildes Leben

kennenzulernen und zu verstehen, haben wir sie vertrieben –
an einen noch ruhigeren Ort mit noch mehr Wildnis.

Wieder musste ich an Franziskus denken. Ich hatte vergessen, was er über Wildheit gelehrt hat, und durch meine
eigene Vergesslichkeit hatte ich mir selbst und anderen Schaden zugefügt. Ich werde also von jetzt an versuchen, es besser
zu machen.

Franziskus, der der großen Einsamkeit und seinem eigenen Alleinsein in der Höhle begegnete, lernte dadurch seine
eigenen Lebenslektionen über das Wilde in ihm selbst. Und
für den Rest seines Lebens weigerte er sich, das, was wild war,
zu zähmen, weigerte sich, die Wildheit seiner Gotteserfah-
rung zu sezieren.

Während ich hier über das Wilde im Leben von Franziskus nachdenke, merke ich, wie es Momente in meinem Leben gibt, in denen ich ganz im Hier und Jetzt sein möchte, in
denen ich versuche, ein Nest zu bauen. Meine Seele muss sich
einnisten und zur Ruhe kommen können, ohne das Gefühl
zu haben, sich zeigen, erklären oder irgendetwas dokumentieren zu müssen – falls jemand gerade vorbeigepaddelt kommt,
um mich zu beobachten. Ja sogar, ohne mir selbst irgendetwas erklären zu müssen.

9.
NICHTS ZU VERLIEREN HABEN

Wir möchten bei dir sein und tun, was du tust.
Sag uns, was wir mit unserem Besitz tun sollen.

Das sagten zwei Männer zu Franziskus, nachdem sie seine öffentlichen Beichten und Bußbekundungen miterlebt hatten. Und ähnliche Fragen wurden ihm von jenem Tag an auch von vielen anderen gestellt. Dabei ist eigentlich schon allein die Frage verwunderlich. Wer nicht nur die Szene auf dem Marktplatz der Stadt mitbekommen, sondern Franziskus auch aufmerksam zugehört hatte, dem hätte eigentlich klar sein müssen, dass man nicht an seinem materiellen Hab und Gut festhalten konnte, wenn man in seine Fußstapfen treten und so leben wollte wie er. Dazu war keine Glaubenserklärung erforderlich. Das Erste und Einzige, was jemand tun musste, war, sich bereitzuerklären, nach Hause zu gehen und seinen gesamten Besitz wegzugeben. Das war ein Ausdruck des Gehorsams, den Franziskus offiziell festlegte, und in dem die Worte Jesu an den reichen Jüngling im Markusevangelium widerhallten (Markus 10,20–22), Worte, die eine Art von Freiheit boten.

Wunderbar ist die Schlichtheit von Franziskus' Antwort auf die Frage, die von diesen beiden Männern – Bernhard von Quintavalle und Pietro Catanii – gestellt wurde. Als sie ihn nämlich fragen, wie sie sich seiner Arbeit anschließen können, antwortet Franziskus: „Lasst uns gehen und Rat suchen vom Herrn."[1] Das klingt ganz bestimmt nicht nach einem Glaubensanführer für ältere Generationen. Seine Worte rühren nicht von Gesetzlichkeit her oder dem Gefühl, die Form oder Traditionen wahren zu müssen. Franziskus beansprucht gar nicht die Vollmacht für sich, die Frage dieser beiden Männer zu beantworten, sondern zu dritt gehen sie zu einer nahegelegenen Kirche, knien nieder und beten.

In dieser Kirche liest ein offiziell ausgebildeter und geweihter Priester, der lesen und schreiben kann, gerade einen Text aus dem Evangelium, und zwar auf Lateinisch (der Sprache, in der damals alle biblischen Lesungen in den Kirchen durchgeführt wurden). Und der Priester hilft den Männern anschließend, im Messbuch verschiedene Evangelientexte zu finden:

Markus 10,21, Matthäus 16,24 und Lukas 9,3, alles Stellen, die Jesu Anweisungen an seine eigenen Jünger enthalten. Diese Texte werden schließlich die Grundlage für alles, was folgt:

„Geh, verkaufe, was du hast, gib es den Armen."

„Wenn einer hinter mir hergehen will, verleugne er sich selbst, nehme sein Kreuz auf sich und folge mir nach."

„Nehmt nichts mit auf den Weg, keinen Wanderstab und keine Vorratstasche, kein Brot, kein Geld und kein zweites Hemd!"

Ich stelle mir vor, wie Bernhard und Pietro zueinander sagten: Es wäre viel einfacher, Benediktiner zu werden.

Ich würde gerne geloben, für den Rest meines Lebens Frauen aus dem Weg zu gehen. Es ist einfacher, ja zur Keuschheit zu sagen.

Ja, und zur Armut auch.

Und ja zum Gehorsam. Das ist Gottes Wille.

Aber das ... das scheint ziemlich ... unklar?

Was machen wir denn jetzt?

Wir wissen es nicht.

Bei Bernhard gibt es vieles, was er hätte aufgeben müssen. Es heißt, dass er zu den reichsten Männern der Stadt gehörte. Pietro dagegen hatte vergleichsweise wenig zu verlieren; so wird diese Szene üblicherweise interpretiert. Aber man kann die Sache auch ganz anders betrachten, nämlich dass Bernhard, ein reicher Mann, der allein lebte, vielleicht der Bedürftigere der beiden war. Und dass Pietro, der keine Sorgen hatte, aber viele Freunde und weniger Verpflichtungen, es einfacher fand als der reiche Bernhard, sich der Lebensweise ihres Freundes Franziskus anzuschließen, der ohne materiellen Besitz durch die Welt gehen wollte.

Zu diesem neuen franziskanischen Lebensstil gehörte ja nicht nur, auf Besitz zu verzichten, sondern auch so auf der Welt zu sein und sich darin zu bewegen wie jemand, der nichts besitzt, wie jemand, der kein Interesse daran hat, sein Eigentum zu schützen.

Trotz solcher Lehren über materiellen Besitz bestand Franziskus immer darauf, dass jeder Bruder täglich für den Unterhalt der Gemeinschaft arbeitete, auch weil er Arbeit an sich als etwas Gutes betrachtete, nämlich als eine Art geistliche Übung. Vielleicht haben Sie schon einmal das sizilianische Volksmärchen von Jesus und dem heiligen Petrus gehört – und wie aus Steinen Brot wurde. Es ist eine Geschichte, die auch von einem erfahrenen Franziskaner stammen könnte.

Die Geschichte geht so, dass Jesus und die Jünger zu Fuß zu einem Ort unterwegs sind, an dem es nichts zu essen gibt. Nach und nach sind sie alle völlig ausgehungert. Da fordert Jesus sie auf, jeder solle einen Stein aufsammeln und mitnehmen. Eine seltsame Anweisung, aber wer stellt schon Anweisungen des Meisters infrage? Jeder Jünger sammelt also einen Stein auf, wobei Petrus sich für den kleinsten entscheidet, den er finden kann. Es ist ein heißer Tag, und Steine sind schwer. Etwas später erreichen sie eine Stelle, die sich gut für eine Rast eignet. Dort angekommen fordert Jesus die Jünger auf, ihm den Stein hinzuhalten, den sie aufgehoben haben, damit er ihn segnen kann. Er sagt, dass dann jeder Brot zu essen haben werde. Also segnet Christus sie, und die Männer haben keinen Stein mehr in der Hand, sondern einen Laib Brot genau in der Größe des Steines, den sie zuvor aufgesammelt haben. Petrus ist zornig darüber.[2] In der Geschichte wird seine Faulheit und Verantwortungslosigkeit als unvereinbar mit einem Leben mit leichtem Gepäck dargestellt.

In den meisten frühen Berichten scheint Franziskus fröhlicher, je mehr Abstand er zu dem hat, was anderen Menschen besonders wichtig und wertvoll ist: Geld. Als beispielsweise

Giles – die dritte Person, die sich der kleinen Gruppe der Besitzlosen anschloss – es Franziskus gleichtat und alles weggab, was er besaß, schloss er sich danach den beiden anderen an und ging zusammen mit ihnen Richtung Marsch von Ancona, das ist eine wunderschöne, etwas abgelegene Gegend auf der italienischen Halbinsel. Es ist überliefert, dass Franziskus unterwegs anfing, französische Lieder zu singen. Die Männer „waren erfüllt von großer Freude", heißt es. Warum genau freuten sie sich? „Sie betrachteten das, was die weltlichen Menschen als erstrebenswert erachteten, als bitter", lautet die Erklärung.

Franziskus fand, dass Geld vergleichbar war mit einem Schatz in einem Piratenschiff, der ja fast immer unrechtmäßig erworben sei. Es sei falsch, ihn zu behalten, und außerdem sei er nur eine Belastung, wenn man Fahrt aufnehmen wolle. Zu jener Zeit war es kaum möglich, Reichtümer anzuhäufen, ohne auf den Menschen herumzutrampeln, die wenig hatten. Herren hatten Leibeigene, Ritter hatten Knechte, und Landbesitz war ausschließlich dem Adel vorbehalten.

Außerdem musste Besitz erbittert verteidigt werden. Eine Mittelschicht gab es damals nicht – noch nicht –, selbst wenn das Handelsunternehmen von Franziskus' Vater schon dem entsprach, was den Beginn einer bürgerlichen Mittelschicht andeutete. Aber Franziskus konnte Geld nur als eines sehen, nämlich als etwas, „das Kummer und Elend verursacht" (so geht der Satz, der zwei Abschnitte vorher zitiert wurde, zu Ende). Wir erleben genau das heute auch wahrscheinlich mehr, als wir glauben.

Mir persönlich ist klar, was mir am meisten daran gefällt, „meine Sachen" zu haben – sogar und besonders die banalen, ganz alltäglichen Dinge wie beispielsweise alte Bücher, besondere Fotos, mein Fahrrad und mein Kajak. Irgendwie geben sie mir das Gefühl, Kontrolle über meine Umgebung zu haben. So wie eine Figur in Percival Everetts Roman *Telephone* ihre Erfahrung beschreibt, sich in einer vertrauten Höhle wohlzufühlen mit all den Dingen, die sich „an einem Ort befinden, über den ich mehr weiß als jeder andere". Auch mich beruhigen meine Sachen auf die beschriebene Weise. Für Franziskus war das jedoch nur ein Grund mehr, Dinge loszulassen – denn Bequemlichkeit und das Gefühl von Kontrolle haben einen genauso im Griff wie die Besitztümer selbst.

Als Franziskus im Jahr 1208 in eine winzige Stadt im Tal von Rieti, nördlich von Assisi, kam, begrüßte er zum ersten Mal Fremde mit den Worten: „*Buon giorno buona gente*" (Guten Morgen, gute Leute). Er war ein lächelnder, junger, in Lumpen gekleideter Büßer, und die Menschen dort würden seinen Gruß immer als eine Geste ungewohnter Großzügigkeit und Offenheit in Erinnerung behalten. Schon bald wurde sein Gruß zum Markenzeichen, wenn man den Franziskusweg ging. Seine Mitbrüder sagten danach ebenfalls häufig „*Buon giorno, buona gente!*", wenn sie irgendwo ankamen oder auf der Durchreise waren. Und die Bewohner wussten dann, dass diese Menschen, die in einer eher rücksichtslosen und brutalen Zeit in ihre Stadt kamen, freundliche Leute waren.

Ein paar Jahre zuvor war es zu einem Zwischenfall gekommen, als Franziskus allein durch den Wald gegangen war, sicher mit derselben freundlichen und unschuldig-fröhlichen Miene, nur dass er dieses Mal auf Französisch sang. Es war damals üblich, dass Diebe und Gesetzlose sich in den Wäldern versteckten oder dort lebten, fernab von den Straßen und von Städten, wo man sie hätte aufspüren können (denken Sie nur an Robin Hood). Solche Diebe sahen nun, wie sich der alberne Mann die Kehle aus dem Leib sang, kamen drohend auf ihn zu und forderten alles, was er dabeihatte.

Natürlich hatte er gar nichts bei sich, und was man nicht besitzt, kann einem auch nicht geraubt werden. Und so wie er aussah, würde man für ihn auch kein Lösegeld bekommen, wenn man ihn entführte.

Ein anderer Bericht dieses Vorfalls enthält noch mehr Details. „Wer bist du?", fragten die Räuber Franziskus.

In der Zwangslage dieses Moments sah Franziskus die Diebe an und sagte: „Ich bin der Bote des Großen Königs. Und wer seid ihr?" – Für diese Unverschämtheit zogen sie ihm eins über den Schädel und warfen ihn einen Hügel hinunter in eine riesige Schneewehe. Niemand hat Zeit für Narren, aber wie Regan in *King Lear* sagt: *„Aus Spöttern werden oft Propheten"* (Jesters do oft prove Prophets).

Im Laufe von Franziskus' Leben schlossen sich über 5000 Menschen der franziskanischen Lebensweise an; und es entstand eine Bewegung, die in weniger als zwanzig Jahren von einer Person auf über 5000 anwuchs. Angesichts so vieler Menschen wurde es für alle immer schwieriger, diese Art des einfachen Lebens als Gemeinschaft zu praktizieren. Deshalb traf Franziskus die Entscheidung, den Teil der Lehre

Jesu wörtlich zu nehmen, in dem Jesus seine Anhänger anweist, sich keine Sorgen über den nächsten Tag zu machen. Er plante nicht. Es gab keinen Gedanken ans Morgen, und diese Denkweise hatte etwas Freies, das jene Tausende von Menschen in der Bewegung ansprach. Doch letztlich machte diese Entscheidung Franziskus und auch die Bewegung selbst zunichte.

Schon zu Franziskus' Lebzeiten war der Grundsatz, nichts zu haben und nichts zu planen, umstritten, weil er schwer umsetzbar war. Wie sollte es beispielsweise zu bewerkstelligen sein, junge Männer zu kompetenten Franziskanern auszubilden, ohne ihnen Bücher und einen Ort zum Lernen zur Verfügung zu stellen, ganz zu schweigen von einem zuverlässigen Dach über dem Kopf?

Zu der besagten Zeit war Franziskus unterwegs ins Nildelta, und im Orden kam es zu einer Spaltung über die Frage der Armutsverpflichtung. Manche Brüder stellten ganz offen die Auffassung infrage, dass Jesus in Armut gelebt habe. Folgten die Ordensbrüder Jesus in etwas nach, das er so gar nicht gelebt hatte? Andere gaben eine sehr viel praktischere Erklärung, nämlich dass sie nicht so weitermachen konnten wie bisher, weil sie immer mehr wurden, und dass sie deshalb wie ein Glaubensorden organisiert sein müssten – mit Häusern, Schulen, Security, Geld auf der Bank und Ressourcen, mit denen sie eine Zukunft aufbauen konnten.

Nicht einmal ein Jahrhundert nach Franziskus' Tod, als der beschriebene Konflikt seinen Höhepunkt erreichte, ergriff Papst Johannes XXII. schließlich Partei und erklärte jeden zum Ketzer, der behauptete und lehrte, dass Jesus in der Art von Armut gelebt habe, wie sie von Franziskus gelehrt und gelebt worden sei. Daraufhin wurden manche Ordensbrüder von ihren Glaubensbrüdern dafür ermordet, dass sie an der Lehre und der Lebensweise von Franziskus festhielten.

„Aus Glauben zu leben und nicht in menschlicher Voraussicht", so beschreibt ein franziskanischer Autor ebenso einfach wie präzise das umstrittene Handeln und Vorgehen von Franziskus.[3]

Man kann wohl mit einiger Sicherheit davon ausgehen, dass eigentlich niemand, auch keine Glaubensgemeinschaft, diesen Lebensstil so konsequent praktiziert. Franziskus war bewusst schlicht und naiv.

Hypotheken, Miete und Bankdarlehen sprechen gegen diesen Ansatz. Selbst das Einweichen von Bohnen für das Abendessen am nächsten Tag – eine Angewohnheit, die Franziskus einmal bei einem Bruder, der kochte, rügte – spricht dagegen. Franziskus ging nicht davon aus, dass Gott die Bohnen auf wundersame Weise weich werden lassen würde, jedoch davon, dass sie ja vielleicht auch nicht eingeweicht schmeckten. Außerdem bedeutete das Einweichen der Bohnen seiner Ansicht nach nur noch mehr Planung und zusätzliche aufwendige „Anforderungen" im Vorfeld der Essensvorbereitungen für den folgenden Tag.

Wir sind nicht mit wenig zufrieden, jedenfalls nicht mit weniger als wir glauben, dass es uns zusteht. Manchmal werden wir sogar von unseren geistlichen Lehrern und Leitern zu einem solchen Anspruchsdenken ermutigt, als käme es von heiliger Stelle. Aber das ist nicht so. Franziskus wusste es besser. Wer seiner Weisheit folgen will, sollte sein Leben vielleicht lieber neu ausrichten, um die Probleme und den Kummer zu vermeiden, den es mit sich bringt, wenn man sich zu weit von der Einfachheit entfernt, zu der wir eigentlich geschaffen sind. Exzessive Wünsche und Begehrlichkeiten und unnötige Sorgen und Besitz schaden unserem eigenen Glauben und auch anderen nur allzu oft. Ein Franziskaner des 21. Jahrhunderts sieht Besitz locker und teilt freigiebig.

10.
ZEIT IM WALD VERBRINGEN

Eigentlich ist es eine Kleinigkeit, und vielleicht sollte ich ihr gar nicht viel Bedeutung geben, aber in den ersten Kapiteln einer der ersten Biografien über Franziskus wird beschrieben, wie er eine kleine Predigt hält. Ein paar Monate nach dem Beginn der Bewegung der franziskanischen Lebensweise, als die Gemeinschaft aus nur sieben Personen bestand, geschah Folgendes:

„Nachdem er seine sechs Brüder im Wald neben der Kirche Convento Porciúncula, wohin sie oft gingen, um zu beten, zusammengerufen hatte, sagte er ihnen: ‚Meine lieben Brüder, lasst uns unsere Berufung bedenken, denn Gott hat uns in seiner Barmherzigkeit nicht nur zu unserem eigenen Guten berufen, sondern auch zur Rettung vieler.'"[1] Es ist die erste Hälfte des ersten Satzes, auf die ich hier hinweisen möchte. Beachten Sie, wo er seine Mitbrüder hinbestellt, um zu ihnen zu sprechen: in den Wald neben eine Kirche, nicht in die Kirche hinein.

Vermutlich ist das nur eine Kleinigkeit, aber sie enthält einen Hinweis auf etwas, das die üblichen Kommentatoren nie aufzeigen: Wie sollen wir uns Franziskus' Dankbarkeit für die Vögel vorstellen, denen er, daran erinnert man uns gerne, Predigten hielt? Ich glaube nicht, dass er nur predigte, um gehört zu werden, oder dass er damit die Absicht verfolgte, die Geschöpfe der Luft zu ermahnen (dass sie beispielsweise gefälligst den Schöpfer loben sollten – als ob sie das nicht schon gewusst hätten), wie es in den Berichten oft beschrieben wird. Es deutet vielmehr alles auf einen Mann hin, der die urwüchsige Natur zunehmend besser verstand – und dazu gehörten auch Bäume, das Verhalten, der Gesang und die Rufe von Vögeln – sowie das Land selbst.

Wenn frühe Gemälde von solchen Szenen exakt sind, dann lässt sich ableiten, dass unter den Vögeln, denen Franziskus predigte, besonders viele Zaunkönige waren. Ein beliebtes frühes Vogelbestimmungsbuch beschreibt den Ruf des Zaunkönigs poetisch als „überschwängliche Kadenz klarer, auf der Tonleiter abwärts gehender Töne".[2] Und viele Vogelbeobachter betonen – vielleicht ist es Ihnen selbst auch schon aufgefallen –, wie erstaunlich dieser Gesang für einen so winzigen Vogel ist. Jede Wette, dass Franziskus solche Feinheiten wahrgenommen hat, weil er aufmerksam zuhörte und beobachtete, wie sich Vögel verhalten und sogar, wie sie sprechen, rufen und singen. Und für ihn war es nicht so, dass er sie eines Tages einfach in ihrem Gesang unterbrach und ihnen eine Predigt hielt. Die Vögel waren vielmehr für Franziskus' Umbrien das, was die Flüsse für William Wordsworth's Lake District waren – der naturgegebene Hintergrund seines Schaffens. Und die Freude an der Musik der umbrischen Vögel brach im Erwachsenenalter einfach aus ihm heraus.

Es gibt viele Geschichten darüber, dass Franziskus sich Vögeln, Wölfen, Insekten, Fischen und Kaninchen nahe fühlte. Aber außer Lieblichkeit zeigen diese Anekdoten noch etwas anderes. Franziskus achtete auf die Rhythmen und den Lauf der Natur – Lebensweisen, die viel elementarer wie auch grundlegender waren als unsere des 21. Jahrhunderts.

Auch in den Evangelien-Texten begegnet uns Jesus, wie er ganz natürlich die Natur preist, er verbringt Zeit allein in den

Bergen, in der Wüste sowie am und auf dem Wasser. Besonders hebt er die Lilien auf dem Feld hervor, die weder arbeiten noch spinnen, wie es in der Einheitsübersetzung heißt, sie überarbeiten sich auch nicht, geschweige denn machen sie sich Sorgen. Seit der Sonntagsschule habe ich immer gedacht, dass es in diesem Abschnitt des Evangeliums um schöne Blumen geht, die sich keine Sorgen machen. Dass quasi ein Lächeln im Gesicht – genau wie eine Blume in voller Blüte – den Schmerz eines schwierigen Lebens auslöschen könnte. Was für eine Auslegung ... zusammengeschustert von einer Person, wer auch immer sie gewesen sein mag, die mir das damals so vermittelt hat. – Wenn Sie die Evangelien lesen, können Sie sich dann vorstellen, dass Jesus so etwas gelehrt haben soll? Ich jedenfalls nicht.

Man kann die Lilien auf dem Felde gar nicht verstehen, ohne sie als Pflanzen zu begreifen. Und die Gattung steht hier der Art voran. Könnte also der Grund, dass Jesus die schlichten, stillen Pflanzen als Vorbild hinstellt, darin bestehen, dass er immer wieder die Eigenschaft der Geduld lobt, und zwar schon lange, bevor Franziskus im 13. Jahrhundert den Pflanzen eine ähnliche Aufmerksamkeit entgegenbrachte? Und auch schon lange, bevor ein französischer Philosoph des 21. Jahrhunderts es folgendermaßen formuliert? „(Pflanzen) haben keinen selektiven Bezug zu ihrer Umgebung: Sie sind, und anders kann es nicht sein, ständig ihrer Umwelt ausgesetzt. ... Pflanzliches Leben ist ein Leben als permanentes ausgesetztes Sein in absoluter Kontinuität und absoluter Verbindung mit der Umwelt ... Dass Pflanzen sich nicht fortbewegen können, ist nichts anderes als die Kehrseite ihres völligen Verhaftetseins in dem, was mit ihnen und ihrer Umgebung passiert. Man kann die Pflanze nicht trennen … von der Welt, die sie beherbergt. Es ist die intensivste, radikalste und paradigmatischste (beispielhafteste) Form, auf der Welt zu sein.“[3]

Alle Pflanzen – von der Eiche über die Taglilie bis hin zur Rutenhirse – weisen die beschriebenen Eigenschaften auf und vermitteln Lektionen über Demut und Gemeinschaft, und zwar mehr als es irgendetwas anderes Erschaffenes könnte.

In der Nähe unseres Hauses im ländlichen Wisconsin steht eine uralte Eiche, und hin und wieder ertappe ich mich dabei, wie ich mit ihr rede. Ich glaube, die Erlaubnis, etwas so Merkwürdiges zu tun, wie mit einem alten, weisen Baum zu sprechen, hat mir Franziskus erteilt. Für mich ist es jedenfalls kein verirrter Impuls, dass ich so etwas tue. Ich spreche mit Bäumen, weil ich den Wunsch habe, eine andere Sprache zu lernen, aber in erster Linie höre ich zu.

Robin Wall Kimmerer, Botaniker und Angehöriger des Volkes der *Citizen Potawatomi*, sagt in seinem Buch *Braiding Sweetgrass*: „Ich komme hierher, um zuzuhören, um mich in den Windungen von Baumwurzeln in eine weiche Mulde aus Piniennadeln zu schmiegen, um meine Knochen an den Stamm einer Kiefer zu lehnen, um die Stimme in meinem Kopf abzuschalten, bis ich die Stimmen außerhalb des Kopfes hören kann: Das *schschsch* des Windes in den Nadeln, Wasser, das über Felsen plätschert, das Klopfen der Spechte, grabende Streifenhörnchen, das Fallen von Bucheckern, Mücken in meinem Ohr und noch etwas – etwas das nicht ich ist, für das wir keine Sprache haben, das wortlose Sein anderer, in dem wir nie allein sind.‘“4

Den frühen Berichten zufolge sprach Franziskus eigentlich nicht richtig mit Bäumen. Er nennt sie nicht einmal bei ihrem Artennamen, aber wir sehen ihn oft durch die Wälder streifen und sich Wald-Baldachine aussuchen, um darunter zu predigen oder seine Ordensbrüder zu unterrichten. Dort treffen wir ihn an.

„Nachdem er seine sechs Mitbrüder im Wald neben der Kirche Convento Porciúncula zusammengerufen hatte, wohin sie oft gingen, um zu beten, sagte er ihnen …“

Warum kommen wir denn außerhalb der Kirche zusammen?

Ist nicht eigentlich die Kapelle der Ort, wo wir beten sollten?

Ja. Dort drinnen hat Gott doch zu Bruder Franziskus gesprochen und ihm gesagt, was er tun soll.

Finden wird dort nicht auch die Gegenwart Gottes im heiligen Sakrament?

Ja, ich glaube schon.

Wenn es um den Wald ging oder um den Umgang mit anderen Erdgeschöpfen im Allgemeinen, war Franziskus nicht sentimental. Trotz einer beliebten Trope, die in den 1970ern entstand, war Franziskus kein Hippie. Was er in den Wäldern

entdeckte, war nicht metaphorisch gemeint, sondern wörtlich zu nehmen und wahr.

Weil Franziskus ganz und gar dem Hier und Jetzt hingege-
ben und darin präsent war, hat er der Vergangenheit anscheinend nur wenig Aufmerksamkeit gewidmet. Er erinnerte sich
nicht daran, was vielleicht vor drei Jahrhunderten im Schatten jener Bäume passiert sein mochte. Es gibt keine Senti-
mentalität ohne eine Sehnsucht nach etwas „Verlorenem".
Aber Franziskus hatte alles, was er verloren hatte, bewusst
aufgegeben. Er hatte die Gabe, nur das Heute zu sehen und
ganz im Moment zu leben. Weshalb werden wir dann dermaßen sentimental, wenn wir darüber reden, dass er mit den
Vögeln und anderen Tieren gesprochen hat?

Tiergeschichten haben ihren Ursprung nicht bei Franziskus, und auch nicht in Italien. St. Cuthbert und seine Eider-
enten sind in Northumberland angesiedelt, St. Modomnok
und seine Bienen in Irland. Beide sind ziemlich bekannt. Es
gab auch einen Laienheiligen in Verona, der Fische so sehr
liebte, dass sie an die Wasseroberfläche kamen, um ihm die
Hände zu küssen. Sein Name war Gualfardo. Von ihm erfahren wir in einer bekannten Hagiografie aus dem 11. Jahrhundert, also noch vor Lebzeiten von Franziskus.[5] Aber die
frühen Kommentatoren sagen klar und eindeutig, dass Franziskus' Liebe zu Gott durch das einfache, schlichte Wahr-
nehmen der Welt begann, und diese Wahrnehmung schloss
Pflanzen, Tiere und vielleicht auch Pilze ein.

Ein früher Text mit dem Titel *Über die Gleichförmigkeit*
von Bartholomäus von Pisa drückt es so aus: „Das erste An-

zeichen der Liebe Gottes ist dann vorhanden, wenn jemand häufig über Gott nachdenkt. Denn die Macht der Liebe lässt ihn ständig an den denken, den er liebt ... Das wird deutlich am gesegneten Franziskus, der, ‚ob er ging oder saß, arbeitete oder ausruhte‘ ständig an Gott dachte ... heißt es in der *Legenda maior.*"[6] Hier zitiert Bartholomäus die berühmte Franziskus-Biografie von Bonaventure. In dieser und auch anderen Biografien begegnen wir Franziskus, wie er verträumt in den Wäldern umherstreift oder lange, einsame Straßen in Umbrien entlangwandert, wie er Vögel beobachtet und an die Ziegen auf den Feldern denkt oder gar nichts Besonderes tut. Und dadurch, dass er an all das denkt, bemerkt und beachtet er es auch, nimmt er es bewusst wahr – und liebt es.

Viele Glaubenstraditionen verfügen über eine Fülle solcher Übungen, die aber oft vergessen sind oder nicht geschätzt werden. Ein Jahrhundert vor Franziskus sagte der berühmte Mönch Bernard von Clairvaux: „In den Wäldern lernt man mehr als aus Büchern. Bäume und Steine werden dich mehr lehren, als du jemals von Lehrern erfahren kannst." Auch im Judaismus wird vertreten, wie man durch Wüstenwanderungen etwas lernen kann. Für Christen, jedenfalls seit den späten Mystikern des Mittelalters, ist die Hauptmetapher für das Umherirren die Wüste; im Judaismus ist es die Wildnis: Sowohl das Wort als auch der Ort fühlen sich zunächst unwirtlich an, aber für diejenigen, die solche Landschaften zu Fuß durchwandern, sind sie angeblich anziehend und wirtlich.

Wir sind dafür geschaffen, an solchen Orten unterwegs zu sein. Ein Franziskaner, ja jeder Mensch, lernt etwas über sich selbst und die Welt, in der er lebt, wenn er durch Wälder und Wüsten und an fließenden Gewässern entlanggeht.

Viele Menschen lieben die Wüste und auch tiefe Wälder selbst dann, wenn sie sich darin ein bisschen verirren. Das hebräische Wort für „Wildnis", *badmidbar*, wird interessanterweise manchmal auch als „Wüste" übersetzt. In der Midrasch fassen die Rabbiner den Zweck der Wanderungen der Urväter des Volkes Israel folgendermaßen zusammen: „Wer sich nicht herrenlos macht wie die Wildnis, kann nicht die Weisheit und die Tora erlangen." Ich finde das wunderbar. Sowohl die Wildnis als auch die Wüste haben „in Bezug auf die Weite und Einfachheit der Umgebung etwas, das Menschen zum Nachdenken bringt und ihnen zeigt, wie klein und unbedeutend sie sind." Der Psychologe Erich Fromm schreibt: „Die Wüste ist kein Zuhause. Es gibt keine Städte. Es gibt keinen Grundbesitz. Es ist der Ort der Nomaden, die nur das haben, was sie brauchen, und alles, was sie brauchen, ist das Lebensnotwendige und nicht Besitz … Das Leben in der Wüste ist Vorbereitung auf ein Leben in Freiheit." Und der Midrasch sagt noch einmal Folgendes, was mich stutzig macht: „Gott führte sie vierzig Jahre lang in der Wüste umher. Sagte der Heilige: ‚Wenn ich sie auf direktem Weg führe, wird jede Person ihr eigens Feld und ihren eigenen Weinberg besitzen und sich nicht mit der Tora befassen. Stattdessen will ich sie durch die Wildnis führen, und sie werden Manna essen und das Wasser aus der wundersamen Quelle trinken, und die Torah wird in ihrem Körper Einzug halten.'"[7]

Es ist nicht bekannt, ob Franziskus damals Menschen aus jüdischen Gemeinden begegnet ist, ja nicht einmal, ob er das Wort „Midrasch" überhaupt kannte, aber er verstand diese Weisheit aus seiner eigenen Tradition heraus und durch die geistlichen Übungen, die er kultivierte. Alles, was ihm auf seinen nachdenklichen Wanderungen begegnete, erzählte von einer Erde voller Wunder und von der Oberstimme des Zaunkönigs. Sie waren – und sind immer noch – für jeden Menschen da, der bereit ist, aufmerksam zu sein und zuzuhören.

11.
DEN EIGENEN MUT FINDEN

Es gibt im Leben von Franziskus eine Episode, von der Sie wahrscheinlich noch nicht gehört haben, weil sie nicht als Wunder eingeordnet wird und auch nicht für gute Gefühle sorgt. An besagter Episode ist Franziskus selbst beteiligt sowie sein bester Freund, der ihn hinterging.

Wir haben ja bereits gesehen, dass in der Zeit, als Franziskus unterwegs war, um den Sultan in Ägypten zu treffen, viele ungute Dinge geschahen. Franziskus hatte diese Reise angetreten, nachdem er schon seit etwa zehn Jahren als Ordensbruder zusammen mit Brüdern und Schwestern und nach einer Regel, die vom Papst in Rom gebilligt war, gelebt hatte. Er predigte, war unterwegs und hatte Hunderte und dann Tausende seiner Anhänger ausgesandt, um auf der ganzen Welt neue Niederlassungen der geistlichen Reformbewegung zu gründen. Doch was so gut etabliert war, führte bald zu einer Spaltung (siehe Kap. 2).

Als Franziskus zurückkam, hatte sich am Heimatstandort in Assisi viel verändert (siehe Kap. 7 und 9). Während seiner Abwesenheit müssen die Ordensbrüder sich – nicht ohne Grund – gedacht haben, dass sie ihren Gründer wahrscheinlich nie wiedersehen würden. Manche von ihnen glaubten auch, dass Franziskus sich mit der Absicht auf den Weg nach Ägypten gemacht hatte, um dort als Märtyrer zu sterben. Als Monate vergingen, ohne dass sie ein Wort von ihm hörten, geschah, was anscheinend immer geschieht, wenn ein charismatischer geistlicher Leiter stirbt oder weiterzieht und diejenigen, die er zurücklässt, versuchen, irgendwie weiterzumachen. Es ist schwer für sie, eine dynamische Bewegung ohne das ursprüngliche Charisma fortzuführen und weiter zu verbreiten. Deshalb setzen sie oft verstärkt auf Strukturen, neue Leiter und mehr Regeln und fangen an, ihre eigenen Organe und Institutionen aufzubauen.

Einzigartig an dieser Situation mit Franziskus war allerdings, wie seine Anhänger weitermachten, bevor er selbst „weitermachte". Als er im Frühjahr des Jahres 1220 gesund und munter aus Ägypten und dem Heiligen Land zurückkehrte, waren einige seiner Freunde richtig geschockt darüber, ihn wiederzusehen, weil gerade Nachrichten die Runde machten, dass der Sultan den entsetzlichen fünften Kreuzzug siegreich beendet und damit die westlichen Truppen aus dem Heiligen Land zurück nach Hause gejagt hatte.

Bei seiner Rückkehr nach Assisi stellte Franziskus fest, dass sich der Geist der von ihm ins Leben gerufenen Bewegung verändert hatte, weil Kompromisse eingegangen worden waren, sodass die Bewegung eine Richtung nahm, die im Widerspruch zu dem stand, worum es den Minoriten eigentlich ging. Der neue selbsternannte „Kardinalprotektor" der Franziskaner hatte angefangen, der Bewegung Vergünstigungen einzuräumen – um die Franziskus niemals gebeten hätte, und die er auch gar nicht wollte. Als kurz nach Franziskus' Rückkehr die nächste Versammlung des Generalkapitels aller Brüder stattfand, ernannte dieser Kardinalprotektor Ugolino zum Verantwortlichen. Unmittelbar nachdem das bekanntgegeben wurde, trat Franziskus von der Leitung zurück.

Was uns zu der besagten Episode aus Franziskus' Leben führt, die Sie wahrscheinlich noch nicht kennen. Es gab einen

Bruder, den Franziskus zu seinem Vikar und auch zum Vikar des gesamten Ordens ernannt hatte, und zwar Bruder Elias, den wir in einem der vorigen Kapitel bereits kennengelernt haben. Er war der Freund, mit dem Franziskus am Anfang der Bewegung oft in die Höhlen gegangen war, um zu beten. Er war einer der engsten Freunde von Franziskus und sein Vertrauter.

Kurz nach Franziskus' Rückkehr aus Ägypten und dem Heiligen Land und seinem Rücktritt von der Leitung des Ordens beendete Elias seine Ausbildung und wurde vom Vikar zum Ordensgeneral befördert, geriet aber schon kurz darauf durch Korruption und Habgier auf Abwege. Überwältigt von Gier nach Macht und Einfluss wurde sein Glaube durchtrieben und bitter. Es war, als ob all die Jahre an Franziskus' Seite keine Bedeutung mehr für ihn hatten. Es ist nicht bekannt, wie viel von alledem Franziskus bemerkte, denn er spricht es nirgends ausdrücklich an. Vielmehr ist aber bekannt, dass er ein sehr realistisches Weltbild hatte und wusste, dass es auch Böses auf der Welt gibt. So wie Alexander Solschenizyn es treffend formuliert, dass die Linie zwischen Gut und Böse durch das Herz jedes einzelnen Menschen verläuft. Aber selbst in dieser Zeit war Franziskus seinem Freund Elias immer noch nah in der Hoffnung, ihn umstimmen und wieder auf einen guten Weg bringen zu können. Franziskus erlebte also auch sehr schmerzliche Momente, die nicht das Geringste mit dem süßlich verklärten Bild zu tun haben, das oft von seinem Leben vermittelt wird.

In dieser Zeit, in der überall Zerrüttung und Zerfall im Gang war und sein bester Freund durch Macht korrumpiert wurde, schrieb Franziskus einen Brief, in dem er Männer in Führungs- und Machtpositionen aufforderte, ihre Verantwortung vor Gott nicht zu vergessen. Eigentlich war es gar nicht seine Art, solche offenen Briefe zu verfassen. Er war kein Mensch, der die Konfrontation mochte oder gar suchte. Und je älter er wurde, desto introvertierter wurde er, weshalb ihm dieser Brief sicher einigen Mut abverlangte.

„Ich bin Bruder Franziskus, euer kleiner, demütiger Diener Gottes", beginnt er den Brief in seiner gewohnt unaufgeregten Art und kommt dann recht schnell zum Wesentlichen: „Wir sollten uns alle besinnen und begreifen, dass irgendwann der Tag unseres Todes kommt … Wenn dieser Todestag gekommen ist, wird alles, wovon ihr glaubt, dass es euch gehört, euch genommen werden. Die Strafen der Hölle sind schlimmer für diejenigen, die in diesem Leben am meisten Macht hatten und am weltgewandtesten waren", schreibt er mit Worten, die sicher in erster Linie seinem Freund Elias galten.

Es ist wirklich faszinierend, wie Franziskus in Beziehungen zu seinen Freunden eine so starke Liebe und Zuneigung mit einer solchen Ernsthaftigkeit in Bezug auf die Dinge des Lebens verbindet! Deshalb ist der Heilige in der Ikonologie des Franziskus beispielsweise oft mit einem menschlichen Totenschädel dargestellt. Auf einem berühmten Gemälde von Caravaggio ist das Motiv zu sehen, auf einem von El Greco und auf mehreren von Zurbaran. Normalerweise tragen sie den Titel „Der heilige Franziskus in Meditation". Diese Verbindung mit Totenschädeln bedeutet nicht, dass er tatsächlich menschliche Totenschädel in der Hand hielt – sondern eher das Gegenteil: Man singt keine französischen Liebeslieder *und* hat dabei einen Schädel in der Hand. Aber weil er sich selbst und andere oft an *Memento Mori* (Sei dir deiner Sterblichkeit bewusst) erinnerte, strahlte er immer einen Ernst und eine gewisse Schwere aus.

In diesem an Männer in Machtpositionen gerichteten Brief steigerte er sich zu einem Crescendo, indem er sagte, sie sollten an Gott denken und nichts tun, was ihnen untergebene Menschen daran hindern könne, das Gleiche zu tun.[1] Doch es ist der Mut, so zu sprechen, und zwar mit jedem, besonders mit einem sehr engen Freund, der mir besonders auffällt.

Diese Augenblicke im Leben von Franziskus, in denen er seine Komfortzone verließ, um zu tun, was er tun oder sagen zu müssen glaubte, blieben weitgehend unbemerkt.

In einer anderen Geschichte aus seinem späten Leben, als er über Herzensanliegen sprach, bewies er ein weiteres Mal großen Mut, weil er wusste, dass es um Themen ging, über die viele Menschen, die bei ihm nach Orientierung und Führung suchten, irritiert und/oder sogar verärgert sein würden. Es war in der Zeit, als Franziskus seinen berühmten „Sonnengesang" schrieb. Heute kennen wir das Werk als wunderschönen und unschuldigen Lobgesang an die Schöpfung, aber zur Zeit von Franziskus wurde der Text für brandgefährlich gehalten.

Franziskus lebte zu einer Zeit, in der die „niederen" Geschöpfe ausschließlich als funktional betrachtet wurden. Man glaubte, dass Kühe und Pferde, Tiere allgemein, nur für die Zwecke und zum Nutzen der Menschen da waren. Damals wusste man noch nichts über die Vernetzung zwischen den Arten und den Systemen innerhalb der Natur. Sonne, Mond und Sterne waren geheimnisvolle Himmelskörper ohne Verbindung zu dem, was auf dem nach Meinung der Menschen einzigen Planeten von Bedeutung geschah – so einfach war das. Zur Zeit des Franziskus machte sich niemand Gedanken über den Wert des Nichtmenschlichen als solches.

Doch Franziskus betrachtete zunehmend alle Aspekte des Universums als miteinander verbunden. Genauso wie er als junger Konvertit gelernt hatte, frühere vorbildhafte Christen als Heilige zu sehen, sich im Gebet an sie zu wenden und sie auch um Fürsprache aus dem Jenseits zu bitten, begann Franziskus gegen Ende seines Lebens ganz ähnlich den Mond als seine „Schwester" und die Sonne als seinen „Bruder" zu sehen.

Hatte er bereits Jahre zuvor angefangen, den Vögeln an seinem Weg zu predigen und mit ihnen zu sprechen wie mit seinesgleichen, begann er jetzt, auch andere Geschöpfe als Geschwister zu betrachten. Sogar der Tod, von dem er glaubte, er werde eher früher als später zu ihm kommen, wurde ihm zur Schwester. Das waren höchst ungewöhnliche Aussagen für einen noch „lebenden Heiligen" – mit diesem Titel bedachten ihn die Menschen nämlich schon zu Lebzeiten.

Für viele klangen solche Aussagen aber wahrscheinlich ketzerisch, und nach den Maßstäben der damaligen Zeit waren sie das ja auch *tatsächlich*.

Das alles spielte sich dreihundert Jahre vor Kopernikus ab, zu einer Zeit also, als die Erde noch der Mittelpunkt des Universums war, und die Menschen ihr einzigartiger wertvoller Besitz. Sogar zweihundert Jahre nach Franziskus gab es noch jene, die behaupteten, dass Gott und die Schöpfung nicht zu trennen seien (unter anderen auch der Theologe und Astronom Nikolaus von Kues), und sie wurden deshalb des Pantheismus verdächtigt und beschuldigt.

Der bengalische Dichter Rabindranath Tagore schrieb vor ungefähr hundert Jahren Folgendes:

Wir haben von Dichtern gehört, die anfangen, indem sie andere imitieren. So ein Dichter schreibt vielleicht viele Gedichte ... sie klingen schön, kommen uns aber nicht eigenständig vor ... Davor hatte er auf Flöten gespielt, die er sich von anderen ausgeborgt hatte; aber sie konnten nicht all die Melodien hervorbringen, die sein Herz spielen wollte. Er wusste nicht, warum er nicht spielen konnte, was er wollte. Es lag an der Flöte! Verzweifelt hier und dort suchend, entdeckte er plötzlich, dass er ein Musikinstrument in seiner Seele hatte ... Die Freude eines Menschen, der seine eigene Sprache gefunden und gelernt hat, sich in seinen eigenen Worten auszudrücken, kennt keine Grenzen.[2]

Diese Sprache drückt genau aus, wie ich das erkläre, was mit Franziskus geschah. Er fand seine authentische Stimme erst, als er auf sein Herz hörte. Und dann fand er den Mut, mit dieser Stimme auch zu sprechen – was nicht einfach ist.

Er schrieb diese Worte in eine Welt hinein, die durch und durch hierarchisch war. Gewalt und Drohungen entschieden darüber, wer zu bestimmen hatte und wer nicht. Waffen und Mauern entschieden über Sicherheit. Und die Kirchen sprachen in einer Sprache der Macht, einer Sprache, der ihre Getreuen gar nicht mächtig waren.

Doch es gab in der christlichen Überlieferung auch andere Quellen, die nicht auf Macht und von Menschen gemachte Strukturen verwiesen: einen Gott, der bei seinen Geschöpfen in einem Garten spazieren geht; einen Gott, der später einer von ihnen wird, einer, den sie in ihrem menschlichen Leben fühlen, sehen, schmecken und erleben können; und einen Gott, der genauso Mutter wie Vater ist – das war Franziskus' Inspiration. Er war wie „der große Schamane ... der die gesamte Überlieferung der verzweifelten Gruppe zusammenträgt ... mit all den Umständen ihres gegenwärtigen Leidens ... zu einer Vision auf der spirituellen Ebene".[3]

Aber vielleicht kann keine dieser Geschichten aus dem Leben von Franziskus es mit dem Mut aufnehmen, den seine wahrhafteste Freundin Klara an den Tag legte, als sie beschloss, die Annehmlichkeiten ihres Zuhauses in der reichen Gesellschaft von Assisi hinter sich zu lassen. Sie floh, um sich Franziskus anzuschließen, der sich unterhalb der Stadt aufhielt. Ihre Familie hatte vor, sie zu verheiraten, und flehte sie an, sich für einen der vielen Bewerber zu entscheiden, die hofften, sie heiraten zu dürfen. Doch davon wollte Klara nichts wissen. Als sie schließlich floh, geschah das, um ihrer häuslichen Situation zu entkommen, um die sie von den meisten Leuten beneidet wurde, die sich für sie selbst aber wie Gefangenschaft anfühlte. Sie hatte Franziskus predigen gehört und beobachtet, wie er lebte. Sie wollte nur noch das, was seiner Aussage nach für einen Menschen möglich war, der Gott kennenlernen und frei sein wollte.

Am Palmsonntag des Jahres 1212 schlich sich Klara nach Einbruch der Dunkelheit aus dem Haus ihrer Familie und zur Stadt hinaus. Außerhalb der Stadtmauern begab sie sich zu dem kleinen Lager, wo sich, wie sie wusste, Franziskus und die anderen Brüder aufhielten. Sie hatte aus der Ferne beobachtet, wie sie lebten, und war begeistert. Es gab damals nur sehr wenige religiöse Orden für Frauen, und die, die es gab, waren ausnahmslos weltabgeschiedene Nonnenklöster. Doch Klara fühlte sich zum Leben nach der Art eines franziskanischen Bruders hingezogen.

Da kommt Klara, Franziskus' Freundin.

Was sollen wir denn mit ihr machen?

Sie sieht aus, als ob sie fest entschlossen ist, bei uns mitzumachen.

Wie bei uns mitmachen?

Als einer der Brüder?

Schau doch, Franziskus begrüßt sie. Er ruft uns alle zusammen.

Ihre erste Geste nach ihrer Ankunft bestand darin, sich als Zeichen, dass sie es mit dem Eintreten in die Gruppe wirklich ernst meinte, ihre Haare abschneiden zu lassen. Viele fromme Chronisten stellen das zwar als religiösen Akt dar, aber so etwas hatte es zuvor noch nie gegeben. Schnitt sie sich die Haare selbst oder tat es Franziskus? Von den Chronisten wird es meist so dargestellt, dass Klara unterwürfig den Kopf senkte und Franziskus ihr die Haare schnitt. Doch das, was sie in jeder Nacht tat, hatte so gar nichts Ergebenes oder gar Unterwürfiges. Franziskus wusste und verstand, wie viel Mut es erfordert hatte, das einzige Leben hinter sich zu lassen, das sie kannte.

Vielleicht schnitt sie in jener Nacht das von vielen frühen Biografen als ihr „wunderschön" beschriebenes Haar ab als Zeichen der Zurückweisung aller Erwartungen, die von außen an sie gestellt wurden. Sie hatte herausgefunden, wer sie war und ging jetzt ihren eigenen Weg.

Bei jedem dieser Beispiele aus dem Leben von Franziskus und Klara entsteht aus dem, was in ihnen zu brodeln beginnt, ein Strom, der sachte nach außen fließt und die Orte und Menschen um sie herum bewässert. Ich glaube, dass in beiden Fällen Mut der Antrieb für diese angeborenen und vom Geist gespeisten Quellen war. Und jeder, der den Weg des Franziskus gehen möchte, muss seine eigene stille Entschlossenheit und seinen persönlichen Wagemut finden.

„Mut ist die wichtigste aller Tugenden, weil man ohne Mut keine der anderen Tugenden konsequent ausüben kann", sagt die US-amerikanische Schriftstellerin und Bürgerrechtlerin Maya Angelou. Es ist nicht leicht, aber von entscheidender Bedeutung, wenn wir auf diese Welt Einfluss nehmen wollen.

12.
MIT DEM MOND BETEN

Man kann sich schwer vorstellen, dass Franziskus im Wohn-zimmer eines Einfamilienhauses betet. Er war keiner für stille häusliche Räume. So etwas, wie sich in einem bequemen Sessel an einem Kamin zu wärmen mit einem Andachtsbuch auf dem Schoß, gab es für ihn nicht.

Franziskus achtete bewusst nicht auf sein Äußeres. Er schlief eher im Freien als in einem Bett. In seinem „Testament", der biografischsten seiner Schriften, schreibt er, dass er es vorzog, in Kirchen zu schlafen. Damit meinte er allerdings weder bequeme Pfarrhäuser noch Kirchenbänke, denn zur damaligen Zeit gab es diese noch gar nicht, sondern stellen Sie sich einfach nackten Steinboden vor.

Franz schlief gern unter freiem Himmel. In der Zeit nach seiner Bekehrung wurde er mit seinem Status als Außenseiter in Kirche und Gesellschaft zum „Himmelswanderer", den wir bereits in vorigen Kapiteln kennengelernt haben.

Zur Zeit von Franziskus waren nächtliche Spaziergänge Sitte. Die Leute verließen die Annehmlichkeit von Heim und Herd und gingen zur Stadt hinaus über die Hügel in die Felder, um die Kühle der Nacht zu genießen und die Sterne zu betrachten. Das waren Zeiten der Meditation. Auch die deutsche Mystikerin Hildegard von Bingen, die in erster Linie wegen ihrer Bilder von der grünen Üppigkeit Gottes in Erinnerung geblieben ist (die sie als *Veriditas* bezeichnet, also „Grünkraft"), mit denen sie ein Leben in Gottes Gemeinschaft beschrieb, erfreute sich an der generativen Kraft der Nacht. Sie schrieb bereits fünfzig Jahre vor Franziskus darüber und hatte eine Vorstellung vom Zusammenspiel von Sonne und Mond. Diese Art des Zusammenspiels empfahl sie auch den Menschen:

„Menschen arbeiten bei Tag und schlafen in der Nacht, so wie die Sonne auf zwei Arten wirkt … über und unter der Erde: Bei Tag scheint sie über der Erde; und wenn sie abends untergeht, ist die Erde darüber dunkel. Fernerhin: So wie das menschliche Fleisch in seiner Schwäche durch die Kraft der Seele wiederbelebt wird – denn die Seele versorgt ihr Fleisch und Blut, damit es nicht schwindet –, so wird auch der Mond vom Feuer der Sonne immer wieder neu entfacht, wenn er schwindet." Und sie fährt fort: „Der Mond ist also der Helfer der Sonne, um die niederen Dinge zu beleuchten."[1]

In dieser Verbindung von Sonne, Mond, der Erde und ihren Geschöpfen und jener *Grünkraft* Gottes erleben wir auch Franziskus. Immer wieder wacht er mitten in der Nacht auf und geht in den Wald. Er redet laut mit jemandem und schlägt sich mit der Faust aufs Herz, so als wollte er es aufwecken. Von diesen Szenen aus seinem Leben wissen wir nur, weil einer seiner Mitbrüder – einer der jüngsten Brüder, der erst gerade zu ihnen gestoßen und fast noch ein Junge war – Franziskus heimlich in der Dunkelheit folgte und ihn aus einem Gebüsch, hinter dem er sich versteckt hatte, beobachtete.

Für das Leben eines christlichen Heiligen sind das ungewohnte Szenen. Eigentlich begegnen wir solchen Einzelgängern unter dem Mond sonst eher im japanischen Zen. So pries der große Haiku Meister Matsuo Basho oft den „dunklen Mond", der ihn inspirierte.

Doch an dieser Stelle gibt es eine Gemeinsamkeit zwischen Franziskus und ihm, nämlich dass die nächtlichen Wanderungen einem Zweck dienten. Sowohl der Haiku Meister als auch der Heilige wollten Einzelgänger sein, und beide sprachen über den Mond als ein Mittel, ihr Missfallen über die Zivilisation zum Ausdruck zu bringen.

Genauso wenig, wie ich die Bilder von Franziskus überbewerten will, auf denen er mit einem Totenschädel in der Hand dargestellt wird, möchte ich sein Grübeln nicht allzu sehr hervorheben. Ich stelle mir vor, dass er dem Mond genauso oft zugezwinkert hat wie es Basho getan hat, und dass er den Mond auch gelobt hat, um anderen ein Lächeln zu entlocken.

Ebenfalls aus dem japanischen Buddhismus und aus derselben Zeit, in der Franziskus lebte, stammt eine Sammlung von Geschichten über Entsagung und heilige Narren mit dem Titel *Senjusho*. In manchen dieser kurzen Erzählungen macht sich ein Zen-Praktizierender unsichtbar, indem er sich eher der inneren Absonderung als der Abgeschiedenheit bedient, um inmitten vieler Menschen allein zu sein.

Schon bevor er damit anfing, draußen in der freien Natur zu beten, betete Franziskus allein die ganze Nacht durch. Der erste, der den Lebensstil von Franziskus nachzuahmen begann, war Bernard, ein Bekannter aus Assisi. Er lud den jungen Konvertiten Franziskus zu sich nach Hause zum Essen und Übernachten ein. Diese umfassende Gastfreundschaft wird nachvollziehbar, wenn man bedenkt, dass Franziskus normalerweise ja unter freiem Himmel oder in Kirchenruinen schlief.

In besagter Nacht lauschte Bernard vor Franziskus' Zimmertür, weil er neugierig war, was Franziskus wohl allein dort machte. Als er dessen Stimme hörte, stellte er fest, dass Franziskus hellwach war und im Dunkeln betete. Jetzt, da er mit eigenen Ohren hörte, dass Franziskus es ernst meinte, war er überzeugt, dass der junge Mann, der früher in eleganter Kleidung seinem Vater überallhin gefolgt war, sich jetzt ernsthaft wie ein Büßer verhielt. Am nächsten Morgen bat Bernard ihn, sich ihm in Buße und Gebet anschließen zu dürfen.

Ohne jene nächtlichen Stunden allein im Dunkeln mit Gott hätte Franziskus nicht das Leben führen können, das er führte. Die Dunkelheit war ihm nicht nur Hilfe bei der Meditation und unterstützte eine Abkehr von der Welt, sondern die Dunkelheit war auch eine Art des Nichtsehens und Nichtwissens, durch die ein Mensch, der bei Licht nicht sehen konnte, trotzdem Gott begegnen konnte. Das schrieb auch Johannes vom Kreuz in einer Strophe seines Gedichtes *Die dunkle Nacht der Seele:*

„In der glücklichen Nacht,
insgeheim, da niemand mich sah und ich auf nichts schaute,
ohn' anderes Licht und Führen,
als das im Herzen brannte."[2]

Rumi spricht in seinen Gedichten davon, wie unser Schatten uns dient, und wie wir auf eine Weise, die wir selbst oft gar nicht verstehen, die Dunkelheit genauso brauchen wie das

Licht. Wir versuchen, der Dunkelheit in uns zu entkommen, was aber eigentlich nie funktioniert, weil es so ist, als würden wir vor unserem eigenen Schatten fliehen.[3]

Der Dichter Petrarca pflegte zu sagen, dass die Abgeschiedenheit, die Franziskus immer wieder suchte, ein Ereignis wie die Stigmata überhaupt erst möglich machte. Laut Petrarca verändert das Alleinsein manche Menschen, was bei Franziskus eindeutig der Fall war.

Einige frühe Biografen legen das Hauptaugenmerk sowohl auf das offenbarende Wesen jener Nachtstunden als auch auf die geistlichen Kämpfe, mit denen Franziskus konfrontiert war. In *The Versified Life of Saint Francis* (Das Leben des Heiligen Franziskus in Versen) wird Franziskus in jenen verlassenen Kirchen und an einsamen Orten dargestellt, wie er in „grauenvollen Schlachten" gegen Dämonen kämpft, was teilweise sogar der Wahrheit entsprach. Wir haben alle unsere Dämonen – entweder selbstgemachte oder uns auferlegte –, und gegen sie zu kämpfen, ist wirklich eine Schlacht. Aber dann lässt der unbekannte Dichter von *The Versified Life* Franziskus in geistliche Ekstase geraten, und in den Nachtszenen liegt der Fokus auf den wundersamen Stigmen:

Praying at night, he could be seen away
up in the air
Above the ground to stand, with his hands
Extended like a cross,
All about him gleaming cloud …

(Nachts betend wurde er hoch oben
in der Luft gesehen.
Über dem Boden stehend, die Arme
wie zu einem Kreuz ausgestreckt,
Alles an ihm eine schimmernde Wolke …)[4]

Giotto ist einer der Künstler, die versucht haben, diese Szene
im Bild festzuhalten. In dem zwölften Fresko der Oberkirche
der Basilika von Assisi stellt sein Gemälde, das gewöhnlich als
„Ekstase des Heiligen Franziskus" betitelt wird, vier Mönche
dar, die vor dem Hintergrund der Stadt und dem sich dahinter erstreckenden Wald zuschauen, wie Franziskus mit weit
ausgebreiteten Armen von Wolken emporgehoben wird und
wie Christus vom Himmel aus das Segenszeichen macht.

Aber vielleicht können Worte es letztlich am besten aus-
drücken. Eloi Leclerc, ein französischer Franziskaner, schrieb
vor einem halben Jahrhundert einige wunderschöne Medi-
tationen über Franziskus. Darin stellt er sich vor, was wohl
Franziskus selbst in jenen Augenblicken unter dem Vollmond
gesagt hat: „Wenn wir nur wüssten, wie man anbetet, dann
könnten wir mit der Gelassenheit der großen Flüsse durch die
Welt ziehen."[5]

Ich stelle mir tiefgreifende Gründe für nächtliche Wanderungen und Gebete unter dem Mond vor. Wie die meisten
Menschen, die ich kenne, weiß ich eigentlich oft nicht, woher
es kommt, dass ich Gott kenne. Und ich weiß oft auch nicht
genau, woher ich das weiß, was ich über Gott weiß. Aber ich
habe mich selbst mit Gott sprechen hören, oder zumindest

dem, was ich für Gott halte, und ich habe Gottes heilige und stille Antworten an mich und in mir gehört (vielleicht ist „gehört" auch nicht der richtige Ausdruck dafür). – Das ist *Immanuel*, „Gott mit uns." Es ist eine Art zu wissen. Auch wenn Immanuel passiv ist, ist dies real: Wir empfangen es als Gnade und Geschenk.

Ein Sportler trainiert hart, weil er weiß, dass er sich durch harte Arbeit bessere Siegchancen verschafft. Vielleicht funktioniert Gebet ja ganz ähnlich. Der Mystizismus von Franziskus war nicht erarbeitet, aber es kam dazu, nachdem er sehr viel geübt hatte, oft in der Dunkelheit der Nacht. Selbst Petrarca stellte im späten Mittelalter zwei Sorten von Menschen fest: die einen, die von der Geschäftigkeit der Arbeit und Familienaktivitäten geleitet werden, und die anderen, die sich das zunutze machen, wozu Menschen gemacht sind – das Alleinsein –, und und deshalb werden sie nicht von den Sorgen der Welt geleitet. Diese und ähnliche Vorstellungen waren es, die Petrarca zu einer Brücke zwischen der Ära des Franziskus und der Geburt des Humanismus der Renaissance machte.

Die Mondschein-Gebete formten Franziskus' Vorstellung von der Welt, sodass sie für ihn etwas viel Größeres und viel mehr war als das, was von Menschen bewohnt wird.

Zu Recht vertreten wir leidenschaftlich, wie wichtig jedes einzelne Menschenleben ist, aber bei Franziskus sehen wir, dass dabei das Gesamtbild dessen verloren geht, was alles im Universum geschieht – und von dem menschliches Leben ja nur ein winzig kleiner Teil ist.

Während der jüngsten Pandemie, als ganze Länder wochenlang in den Lockdown gingen, um die Ausbreitung des tödlichen Virus zu verhindern und Leben zu retten, habe ich an dieses umfassendere Verständnis von Franziskus gedacht. Der Shutdown ganzer Länder war richtig, aber es gab Menschen, die sich nicht an die Anordnungen und Auflagen halten wollten. Bei ihnen stellte sich heraus, dass sie so waren wie manche der Zeitgenossen von Franziskus: arrogante und leichtsinnige Menschen, die glauben, dass sich die Welt nur um ihre höchst eigenen Interessen dreht, statt den Wert und die Bedeutung von Menschenleben in einem größeren Zusammenhang zu sehen. Während dieser Coronazeit habe ich Gänse auf einem See beobachtet, habe meinen Hund im Wohnzimmer angeschaut und zugesehen, wie Eichhörnchen im Garten Nester bauten, und ich habe diese Geschöpfe gefragt, was sie über die Krise der Pandemie denken. Die Reaktion, die ich als Antwort bekam, war ein Schulterzucken.

Beim Gebet im Mondschein geht es um die Perspektive.

Ich sehe Franziskus in jenen Nachtstunden immer wieder deutlich auf zweierlei ganz unterschiedliche Weisen. Manchmal betet er wie ein Vogel oder ein Eichhörnchen, das etwas trinkt oder einen Bissen frisst und dabei eine kaum wahrnehmbare Unruhe ausstrahlt, die die Heiligkeit dieses Augenblicks empfindlich stört. Das Tierchen beugt sich vor, mit einem Auge immer wachsam und sich einer Ablenkung durch mögliche Gefahren in der Nähe bewusst. Aber man muss ja schließlich fressen und trinken. Genauso, wie man ja auch beten muss.

Und dann sehe ich Franziskus manchmal beten wie eine Eule oder einen Reiher, die bzw. der bei Nacht allein am Fluss badet und sich putzt, ohne auch nur die geringste Ahnung, beobachtet zu werden – oder wie einen Zugvogel, der seinen Flug gen Süden oder Norden bei Nacht antritt, weil es dann kühler ist und die thermischen Bedingungen besser sind zum Fliegen – also wie jemand, der völlig allein und unbeobachtet ist.

In jenen Nachtstunden wusste Franziskus, wer er war, und er wusste, wer Gott in ihm war. Er verbrachte so viel Zeit bewusst und ernsthaft im Gebet, dass er in der Lage war, Gottes Leitung zu folgen, weil er Gott oft mit seinem Herzen hörte. Manchmal hörte er, wie Gott ihm sagte, er solle bleiben, wo er war, dass seine Aufgabe genau da sei, wo er sich gerade befand. Dann wieder hörte er den Ruf: „Mache dich auf den Weg."

Manchmal gab es Dämonen zu bekämpfen oder andere Kämpfe zu bestreiten, die nur bei Nacht bestritten werden konnten. Aber in erster Linie erlangte er in diesen Zeiten eine Perspektive und hörte zu.

13.
NÄCHSTE
AN EINEN
GROSSEN TISCH
EINLADEN

Wie es scheint, hat Franziskus nie alleine gegessen. Genau genommen aß er fast überhaupt nicht – und das war ein Problem, denn wenn er aß, dann war das immer eine Gelegenheit für Gemeinschaft. Er wusste, dass es keinen besseren Anlass für Gemeinschaft gab als eine Mahlzeit. Der Segen, den ein Essen schenkt, war seiner Überzeugung nach zum Teilen da.

So wie er ein ganz eigenes Verständnis von der Vernetzung aller Wesen hatte, hatte er auch eine Sicht von Essen, die alle Geschöpfe einschloss – jeden, der fähig war, Hunger zu haben.

Der berühmte vietnamesische buddhistische Lehrer Thich Nhat Hanh hat oft gesagt, dass der künftige Buddha *sangha* sein wird – das ist ein Wort auf Pali und ein buddhistischer Begriff für „spirituelle Gemeinschaft". Anders ausgedrückt: Vielleicht wird künftig nicht mehr eine Einzelperson die Position eines Erlösers oder großen Lehrers innehaben. Für Menschen mit christlichem Verständnis ist das nachvollziehbar, da das „Reich Gottes", über das Jesus sagt, dass es bald komme, etwas ist, das wir „bauen" sollen. Es ist nicht so gedacht, dass wir abwarten, nichts tun und einfach damit rechnen, dass Jesus es bei seiner Wiederkunft mitbringt, sondern das Reich Gottes vollzieht sich in der Gemeinschaft.

Im Judaismus gibt es eine ganz ähnliche Vorstellung von Erlösung: „Wir warten nicht auf den Messias, denn es liegt bei uns, das messianische Zeitalter herbeizuführen, in dem die Welt um uns her Heilung findet."

Für Franziskus begann das Leben mit diesem Verständnis auf die denkbar grundlegendste Weise, nämlich indem er

Steine sammelte, um Kirchen wieder aufzubauen. Darüber kam er dazu, Leprakranken zu helfen, sauberes Trinkwasser zu bekommen und Verbände für ihre Wunden. Er entschied sich dafür, das Lebendige und Gegenwärtige über das Künftige und Mögliche zu stellen. Das klingt so einfach und ist doch so schwierig, weil es dem zuwider läuft, was die meisten von uns lernen, nämlich immer vorbereitet zu sein auf das, was kommen könnte, selbst wenn dieses Vorgehen unserem Instinkt widerspricht.

„Gott hat mit jedem Lebewesen zu tun, aber nichts mit Ideen", pflegte Martin Buber zu sagen. Und: „Jemand, der wirklich hinausgeht, um der Welt zu begegnen, geht auch hinaus zu Gott."[1] Wir finden Gott weder in Büchern noch in der feinsinnigsten Theologie. Wir finden Gott weder in den schönsten Kirchen noch in erhebenden Chorälen. Das alles ist gut und schön, keine Frage, aber darin muss Gott nicht zwingend zu finden sein. Gott steckt im Wesentlichen, im Lebendigen. Wenn wir Gott wirklich begegnen wollen, dann müssen wir hinaus in die Welt gehen und dem begegnen, was lebt. Genauso wie es Franziskus getan hat.

An seinen Tisch konnte jeder kommen. Aber wie schon gesagt, war er selbst dort nicht oft anzutreffen. Ja, er besaß nicht einmal einen Tisch. Er hatte keinen Platz, an dem er regelmäßig aß. Franziskus war häufiger Gast am Tisch anderer – und sorgte dort nicht selten auch noch für Ärger.

Es gibt Geschichten darüber, wie Franziskus zu einem üppigen Mahl bei einem reichen katholischen Gastgeber eingeladen war, vielleicht sogar bei einem Bischof, und das riesige

Angebot an Essen und der Reichtum widerstrebten ihm dermaßen, dass er den Tisch für eine ganze Weile verließ, um das zu tun, was seine Ordensregel von ihm verlangte: nämlich um sein Brot zu betteln. Seine Gastgeber entdeckten ihn dann irgendwann draußen und versuchten, ihn wieder ins Haus zu locken. Er muss bei solchen Gelegenheiten wirklich zum Verzweifeln gewesen sein.

Wo ist er denn hin? Das Essen wird gleich serviert.

Er ist draußen auf der Straße, Herr.

Und was macht er da?

Es scheint, er bettelt bei Leuten, die vorbeikommen.

Er bettelt vor meinem Haus?

Ja. Und er hat sogar …

Er hat sogar was …?!

Er hat sogar eine Schale vom Tisch mitgenommen, um sie zum Betteln zu benutzen.

Würdest du ihn freundlich bitten, wieder zu uns an den Tisch zu kommen?

In der allerersten Biografie des heiligen Franziskus, die nur zwei Jahre nach seinem Tod verfasst wurde, heißt es, dass er manchmal Heißhunger auf bestimmte Dinge hatte und um der Sache der Buße und Armut willen gegen diesen Heißhunger ankämpfte. Und manchmal aß er auch Dinge, auf die er vor dem Verzehr Asche streute oder kaltes Wasser goss, um sich die Freude an diesem Geschmack zu vergällen. Er hatte scheinbar oft das Gefühl, sich jedes Vergnügen versagen zu müssen – ermutigte aber jeden, der Hunger hatte, sich um den Tisch zu versammeln. Darüber hinaus war er auch bekannt dafür, dass er im Sitzen schlief und sich weigerte, ein Kissen zu benutzen, weil er glaubte, dass solche Akte des Verzichts nötig waren, um seiner Berufung treu zu bleiben.[2]

Wenn er an einem fremden Tisch saß, aß er normalerweise immer das, was ihm vorgesetzt wurde, und folgte damit dem, was Jesus seine Jünger lehrte: „Wenn ihr in eine Stadt kommt und man euch aufnimmt, so esst, was man euch vorsetzt" (Lukas 10,8). Manchmal löste das einen Skandal aus, weil er durch seine besondere Beziehung zu Tieren schon zu Lebzeiten als Heiliger bekannt war – denn Franziskus und die Minoriten aßen aus Respekt vor Tieren kaum Fleisch.

Einmal war Franziskus zu Gast bei einem Mann in der Lombardei. Während alle bei Tisch saßen, kam ein Bettler an die Tür und bat um etwas zu essen, woraufhin Franziskus diesem rasch etwas gebratenes Hühnchen auf seinen Teller gab.

In einem anderen Bericht heißt es, dass er oft ein Stück Fleisch auf seinen Schoß fallen ließ, um es nicht essen zu müssen; ich denke also, dass er in der geschilderten Situation liebend gern und bereitwillig sein Hähnchenfleisch hergab.

Doch der besagte Bettler war ein verkleideter Zweifler, denn es stellte sich heraus, dass Franziskus in diesem Fall auf die Probe gestellt werden sollte. Am darauffolgenden Tag war der Mann, der gebettelt hatte, unter den Zuhörern, als Franziskus in der Stadt predigte, und während Franziskus sprach, schrie der Mann plötzlich: „So ist dieser Franziskus, den ihr als Heiligen verehrt. Seht, hier ist das Fleisch, das er mir gestern Abend von seinem Essen gegeben hat." Dabei hielt er das Hühnchenfleisch, das er aufbewahrt hatte, hoch. Doch im selben Moment, als er das Stück Fleisch hochhielt, so die Geschichte, verwandelte es sich plötzlich in einen Fisch, und der Mann schämte sich. Die Geschichte geht dann aber so weiter, dass sich der Fisch wieder zurück in Hühnchen verwandelte („nachdem der Lügner sich wieder besonnen hatte").[3]

Festmahle waren Franziskus genauso wenig fremd wie Fastenzeiten. Das Festmahl zur Geburt Christi (Weihnachten) war das Festessen aller Festessen. Außerdem war es eines der wenigen Festmahle, bei denen er und seine Mitbrüder Fleisch aßen. Die Beschreibung von Franziskus' Begeisterung für das Festmahl zur Geburt Christi von seinem ersten Biografen mutet in ihrer Üppigkeit fast sinnlich an: „Das war der Tag, an dem Gott zu einem kleinen Kind wurde und an menschlichen Brüsten hing. (Franziskus) küsste die Bilder der Gliedmaßen des Babys, dachte dabei an Hunger und das Mitgefühl für das Kind, vor dem er beinah zerschmolz, und das brachte ihn dazu, wie ein Baby süße Worte zu lallen. Dieser Name war für ihn wie Honig und Honigwaben im Mund."

Zu Franziskus' Vorstellung davon, Weihnachten bei Tisch zu feiern, gehört mehr als ein Festmahl. Er sah die Welt auf den Kopf gestellt durch die Geburt des Jesuskindes (dieser Name war so süß in seinem Mund). Einer seiner Mitbrüder, zweifellos ein zukünftiger Kirchenrechtler, sagte einmal am Weihnachtstag, der in diesem Jahr zufällig auf einen Freitag fiel, zu ihm: „Sollten wir heute nicht darauf verzichten, Fleisch zu essen?" Solche Vorschläge häuften sich mit der Zeit, und viele seiner geistlichen Brüder wollten ihr Leben strenger reglementiert wissen. Zu ihnen sagte Franziskus: „Du sündigst, Bruder, wenn du den Tag ‚an dem uns ein Kind geboren ward' als ‚Freitag' bezeichnest. An diesem Tag wünschte ich mir, dass sogar die Wände Fleisch äßen, und wenn sie das nicht können, dass sie wenigstens von außen mit Fett eingerieben würden!"

Weiter spricht Franziskus dann über die Bäuche der Armen und Hungrigen, die an diesem Tag von den Reichen gefüllt werden sollten. Er möchte, dass selbst niedere Tiere wie Ochsen und Esel an diesem Festtag „mit zusätzlichem Futter und Heu verwöhnt werden". Alle sollten hin und wieder fasten, aber alle sollten auch manchmal am Überfluss teilhaben und gut essen. Auch an seine Schwestern, die Vögel, dachte er, indem er sagte: „Wenn ich jemals mit dem Kaiser spreche, werde ich ihn bitten, einen allgemeinen Befehl zu erlassen, dass alle, die es können, Weizen und Getreide an den Straßen entlang ausstreuen, damit an einem solchen Festtag auch die

Vögel einmal die Fülle haben, besonders unsere Schwestern, die Lerchen."[4]

Das Fest der Geburt Christi ist für Franziskus der Vorbote für das Große Festmahl, seine Vision vom kommenden Reich Gottes. Er möchte, dass dieser Tisch so groß wie möglich ist und denkt dabei gar nicht in erster Linie an eine üppige Mahlzeit, sondern vielmehr an einen Tisch, an dem alle zusammenkommen, um zu teilen, und jeder zu essen bekommt und mehr als satt wird.

14.
MUTTER SEIN

Wie bereits erwähnt, begannen die Menschen schon vor Franziskus' Tod, ihn als Heiligen zu bezeichnen und zu verehren, was in der damaligen Zeit durchaus üblich war. Menschen suchten Trost in diesem Leben und Hoffnung im kommenden, und wenn sie das Gefühl hatten, einen Heiligen in ihrer Mitte zu haben, dann hängten sie sich an die Hoffnung und den Trost, die Heilige boten.

Bei den Begräbnissen von Menschen, die etwas Heiliges hatten, konnte es zu verrückten Situationen kommen, da inbrünstige Gläubige stets versuchten, an den Leichnam zu gelangen, um einen Fetzen seiner Kleidung oder sogar eine Reliquie des Körpers zu ergattern. Die Zynischeren und Verblendeteren unter ihnen oder sogar Schwindler trennten selbst Finger oder noch Schlimmeres von einem anderen Leichnam ab und behaupteten dann, das Körperteil stamme vom Leichnam eines besonderen Heiligen. (So kam es übrigens auch zu den vier miteinander konkurrierenden Köpfen des Johannes des Täufers in Damaskus, Rom, Amiens und München.) Diese Reliquienkultur sowie der gute Ruf von Franziskus in seinen letzten Lebensjahren waren dann auch ausschlaggebend dafür, seine Freunde zu veranlassen, ihn bei Nacht und Nebel in Schichten von Gestein unter dem Altar einer neuen Basilika beizusetzen, die sie eigens zu diesem Zweck erbaut hatten.

Dass so viele Menschen Franziskus verehrten, legt vielleicht den Schluss nahe, dass er eine anziehende Gestalt mit Macht war, aber dem war natürlich nicht so. Es gibt eine Anekdote aus der ersten Zeit, als ein Bruder namens Masseo – derselbe gutaussehende Bruder, den wir in einem früheren

Kapitel schon neben Franziskus haben betteln sehen – ihn vorsichtig, aber hartnäckig befragte, wieso ausgerechnet er so verehrt werde. „Wieso rennt scheinbar die ganze Welt hinter dir her? Du siehst nicht gut aus, bist nicht besonders gebildet und auch nicht von adeliger Herkunft. Also … warum gerade du?" Masseo stellte diese Fragen, um Franziskus' Demut zu prüfen (auch wenn das natürlich bereits eine Interpretation des Herausgebers sein kann). Ich glaube, Masseo konnte wirklich noch nicht verstehen, warum so viele Leute in Franziskus' Nähe sein wollten.

Und folgendermaßen reagierte Franziskus auf die Frage: Er sagte: „Gott erwählt die Narren der Welt, um die Weisen zu beschämen."[1]

Warum folgst du ihm nach?

Da ist irgendetwas anders …

Aber er ist doch auch nur noch ein Bußprediger mehr.

Wer braucht denn davon noch mehr?

Aber er redet kaum, wenn er predigt …

Franziskus war nicht nur nicht besonders ansehnlich, nicht von Adel und nicht besonders gebildet, sondern er war darüber hinaus auch nicht einmal ein eindeutig männlicher, heterosexueller Mann. Ob das wichtig war? Ja und nein.

Nur wenige Menschen erkennen, wie Franziskus auch die Seite von sich zuließ und sich sogar auf sie einließ, die wir normalerweise als feminin betrachten – die sanfte, fürsorgliche Seite, die er mit Mutterliebe vergleicht.

Franziskus lobte diese Gaben bei seinen geistlichen Brüdern in der Bruderschaft und kultivierte sie auch bei sich selbst, indem er alle Männer des Ordens anwies, sich abwechselnd einander Mütter zu sein. „Sie sollen wie Mütter sein" für die anderen, wies er sie an. Und weiter: „Und die anderen sollen wie Kinder sein. Wechselt euch darin ab, euch auf diese Weise umeinander zu kümmern." Das stand in seiner „Regel für Einsiedeleien", die er für Brüder schrieb, welche den Wunsch hatten, in kleinen Kohorten an entlegenen Orten zusammen zu leben, besonders in den Höhlen an den Berghängen Umbriens. Wenn man dort heute wandert, sieht man, wie steil und eng es dort sein kann. Gott bewahre, man war Schlafwandler.

Aber das waren bloß vorübergehende Zustände, so wie im Grunde jede Situation und jeder Ort für einen Franziskaner vorübergehend war. Diese vorübergehenden Eremitagen in den Höhlen waren so etwas wie das, was man heute als einen „Retreat", eine geistliche Auszeit, bezeichnen würde. Manchmal beschritt so eine Kohorte von Brüdern beispielsweise einen körperlichen und geistlichen Weg in Form einer Fastenzeit von vierzig Tagen und Nächten. Dabei wechselten sie sich bei den Aufgaben ab und halfen sich gegenseitig.

Aber was war es nun, das traditionell die Mütter taten? In den Vierer-Kohorten kümmerten sich jeweils zwei Brüder um das körperliche Wohl der anderen beiden. Dadurch wollte Franziskus zeigen, wie sowohl die Fürsorge für andere als auch das Übernehmen von Fürsorge ein Zeichen für ein Leben im Glauben ist. Außerdem war es auf diese Weise möglich, sich tatsächlich zurückzuziehen, denn jedes Brüderpaar konnte sicher sein, dass es versorgt wurde.

Was für ein Segen es sein kann, beten und meditieren zu können, ohne sich um die eigenen Grundbedürfnisse wie beispielsweise Essen kümmern zu müssen, weil jemand da ist, der morgens Kaffee kocht, der einen mit einer Mahlzeit versorgt, wenn man Hunger hat, oder der einfach nur dafür sorgt, dass man an dem Ort, an dem man sich aufhält, sicher, trocken und ungestört ist. Das tun unsere „Mütter" für uns – und zwar egal, ob sie unsere biologischen Mütter sind oder nicht. Ich stelle mir vor, dass die beiden Mutter-Brüder die beiden anderen Brüder sogar abends ins Bett brachten. Hier ist der vollständige kurze Text:

Diejenigen von uns, die sich in Eremitagen aufhalten möchten, sollten das in Gruppen von drei, höchstens vier tun. Zwei dieser Brüder sollten „die Mutter" sein und zwei, zumindest aber einer, „die Söhne". Die beiden, die Mütter sind, sollten sich verhalten wie Martha, die Söhne aber sollen sich an das Vorbild von Maria halten. Jeder hat seine eigene Zelle, wo er allein beten und schlafen kann.

Sie sollten alle jeden Tag direkt nach Sonnenuntergang die Komplet aufsagen und dann gewissenhaft schweigen, die Stundengebete sprechen, aufstehen für und „als Erstes nach dem Reich Gottes und seiner Gerechtigkeit trachten".

Sie sollten außerdem zur richtigen Stunde die Prim beten und nach der Terz ihr Schweigen beenden. Dann können die Söhne wieder zu ihren Müttern gehen.

Dann bettelt, wenn nötig, um Almosen wie arme kleine Kinder, die sich nichts wünschen als die Liebe Gottes. Und achtet darauf, die Sext, die None und zur richtigen Stunde die Vesper zu beten.

Brüder in der Eremitage dürfen niemanden in ihre Einfriedung hereinlassen oder dort essen lassen. Die Brüder, die Mütter sind, sollen den anderen möglichst fernbleiben, damit sie von niemandem angesprochen werden. Und die Brüder, die die Söhne sind, sollen mit niemandem außer den Müttern, dem Geistlichen oder dem Verwalter des Ordens sprechen, den sie aufsuchen dürfen, wann immer es nötig ist.

„Söhne" können gelegentlich auch die Rolle der „Mütter" übernehmen, weil die Brüder sich in gegenseitigem Einvernehmen bei den geistlichen Aufgaben abwechseln. Und jeder sollte zum Ziel haben, die hier genannten Einzelheiten eifrig zu befolgen.

Franziskus wusste, dass es ein Segen sein kann, die Liebe und Fürsorge einer Mutter nicht nur zu empfangen, sondern auch selbst mütterlich zu sein, also selbstlos zu geben, und zwar obwohl – oder vielleicht gerade weil – jemand nicht biologisch zu einem gehört.

Wenn wir diese einfache, fürsorgliche Art wieder untereinander praktizieren wollen, hat Franziskus viel darüber zu sagen.

Schon bevor er die „Regel für Einsiedeleien" schrieb, war er dafür bekannt, dass er die warmherzige und fürsorgliche Art verkörperte, die normalerweise mit einer Mutter assoziiert wird. In seiner ersten Biografie verweist Thomas von Celano auf zwei Gelegenheiten, bei denen Franziskus sie besonders deutlich zeigt. Die erste Szene war folgende:

Als er sich einmal in der Nähe der Stadt Greccio aufhielt, brachte ihm ein Bruder ein lebendes Kaninchen, das in eine Falle geraten war. Als er es sah, war der segensreiche Mann sehr gerührt.

„Bruder Kaninchen", sagte er. „Komm zu mir. Warum hast du dich denn fangen lassen?" Sobald der Bruder, der es festhielt, losließ, suchte das Kaninchen, ohne gedrängt zu werden und ohne jeden Anstoß Schutz bei dem heiligen Mann, und zwar am sichersten Ort, den es gab, nämlich an Franziskus' Brust. Nachdem es dort eine kurze Weile ausgeruht hatte, ließ der heilige Vater es wieder los, nachdem er es mit mütterlicher Zuneigung gestreichelt hatte, sodass es jetzt frei war und wieder in den Wald zurückhoppeln konnte.

Die zweite Begebenheit ist ganz ähnlich. Unterwegs begegnete Franziskus einem Mann, der zwei Lämmer über den Schultern trug, um sie zum Markt zu bringen. Celano verwendet hier eine Sprache, die für einen Hagiografen ungewöhnlich ist, nämlich intuitiv und zart, selbst im geschriebenen Wort: „Als der segensreiche Franziskus die blökenden Lämmer hörte, berührte es sein Herz, und als er hinging, berührte er sie wie eine Mutter, die voller Mitgefühl für ihr weinendes Kind ist."[2]

Aber es gab auch Situationen, in denen Franziskus andere bat, ihm eine Mutter zu sein. Kurz nachdem er von der Leitung des Ordens zurückgetreten war, unmittelbar nach seiner Rückkehr von dem Treffen mit dem Sultan im Nildelta, fragte Franziskus den zweiten Mann, der sich ihm angeschlossen hatte, Peter Catanii, als Ersten, Vikar für alle Brüder zu sein – eine Aufgabe, die in seinen Augen sowohl eine leitende als auch eine fürsorgliche war. Als Peter dann aber nur achtzehn Monate später im Jahr 1221 völlig unerwartet starb, bat Franziskus seinen anderen guten Freund, Elias, diese Aufgabe zu übernehmen. Elias wurde Vikar aller Franziskaner und ein paar Jahre später dann der erste Ordensgeneral. Es war Elias – wie Sie sich wahrscheinlich erinnern –, den dann die Gier nach Macht und Einfluss packte, und er war es auch, der Franziskus' Leichnam heimlich tief in dem Felsen im Fundament der von ihm errichteten Basilika beisetzen ließ. Mindestens ein Gelehrter argumentiert, dass Franziskus und Elias eine Zeit lang in Liebe miteinander verbunden waren, und legt damit nahe, dass sie schwul waren.[3]

Als Franziskus Bruder Elias mit dem Amt beauftragte, bat er ihn „ihm, (Franziskus), eine Mutter zu sein und den anderen Brüdern ein Vater". Franziskus brauchte und wünschte sich die Liebe und Aufmerksamkeit, von der er wusste, zumindest aus eigener Erfahrung, dass sie von einem Vater nur schwer zu bekommen war. Er brauchte eine Mutter und wollte auch anderen Mutter sein.

In einer anderen seiner Schriften mit dem Titel „Ermahnungen an die Getreuen", die heute oft als Prolog in Ausgaben der Regel für Franziskanische Säkularorden oder Dritte Orden (das sind Verbindungen von Laien) stehen, sagt Franziskus: „Wir sind Mütter, wenn wir Christus mit einer Liebe und ernsthaftem Gewissen in unserem Herzen und unserem Körper tragen, die von Gott kommt, und wenn wir durch unsere geistliche Praxis Christus in die Welt tragen als leuchtendes Vorbild für alle Menschen."[4]

Mütterlich war er auch zu Klara, als er sie an jenem ersten Abend in der Bruderschaft aufnahm und willkommen hieß, nachdem sie von zu Hause fortgelaufen und ins Tal gerannt war, wo Franziskus und die anderen Brüder ihr Lager aufgeschlagen hatten. Es gab dort keine anderen Frauen. Sie war die erste. In späteren Berichten wird von dieser Nacht als von Klaras „Einkleidung" gesprochen, ein Begriff, der auch verwendet wird, wenn die Königin von England jemanden zum Ritter schlägt. Doch diese erste Nacht in dem Tal außerhalb der Stadt war etwas ganz Neues. Für einen sehr kurzen Zeitraum – vielleicht nur einen Tag, vielleicht auch mehrere Tage – wurde scheinbar kein Unterschied zwischen Klara und den anderen Brüdern gemacht. Sie war eine von ihnen, und so wollte sie es auch. Aus einer Bruderschaft wurde – zumindest für einen kurzen Moment – eine „Geschwisterschaft".

In späteren Berichten über das, was in jener Nacht geschah, und auch in Gemälden darüber, wird Klara dargestellt in einem Brautkleid, als ihr die Haare abgeschnitten werden. Das Bild einer Gläubigen, die mit einem Gelöbnis in eine Beziehung eintritt, sogar einen Ehering trägt, spricht für Ehe, aber das Bild spiegelt auch ihre eigene Schönheit wider und die Erwartung ihrer Familie, dass sie verlobt und verheiratet werden sollte, wie es von einer jungen Frau erwartet wurde. So wie Franziskus nicht eindeutig und ausschließlich männlich war, war Klara nicht eindeutig und ausschließlich weiblich. Sie widersetzte sich den Konventionen und stellte die Gesellschaft auf den Kopf, was letztlich auch der Grund dafür war, dass die Männer aus ihrer Familie sie verfolgten und versuchten, sie wieder von den Brüdern wegzuschleppen, allerdings vergeblich. Sie waren wütend auf Klara, und ich bin sicher, auf den, den sie für Franziskus hielten, waren sie auch nicht besonders gut zu sprechen.

Und dann gab es unter denen, die sich in Franziskus' unmittelbarem Umfeld aufhielten, noch eine weitere Frau. Weniger bekannt als Klara ist im Leben von Franziskus Jacoba von Settesoli, eine reiche Witwe, die sich zu der Arbeit und den Lehren der Minoriten hingezogen fühlte. Franziskus gewährte ihr bei vielen Gelegenheiten Zutritt in den ausschließlich männlichen Kreis seines Glaubensordens. Es gibt Geschichten darüber, wie Franziskus' Mitbrüder schockiert darüber waren, eine Frau an der Pforte des Klosters anzutreffen und von Franziskus angewiesen zu werden, ihr zu öffnen. In manchen Berichten über Franziskus heißt es, er habe sie „Bruder Jacoba" genannt.

All diese Berichte sorgen dafür, dass wir nicht vergessen, was wichtiger ist, als gesellschaftliche Rollenerwartungen zu erfüllen, die auf dem Geschlecht und oft geschlechtsspezifischen Rollen basieren. Es kommt auf Liebe und Fürsorge für andere an, und Franziskus zeigt Wege auf, wie jeder andere bemuttern – in Beziehungen innerhalb der Familie, in Freundschaften, in geistlicher Gemeinschaft – und sich auf diese Weise fürsorglich verhalten kann. Und er ruft auch zu genügend Demut auf, um solche Fürsorge durch andere zuzulassen, manchmal mit der Art von natürlicher Demut, wie sie ein Kind dem Elternteil gegenüber hat.

15.
SORGFÄLTIG
MIT WORTEN
UMGEHEN

Bis vor Kurzem noch war Franziskus keineswegs der Liebling des religiösen Establishments. Lassen Sie mich das erklären.

Denken Sie an den Beginn seines Wirkens: Er bestahl seinen Vater und sagte sich dann öffentlich und mit viel Drama von ihm los. Bedenken Sie weiter, dass er kaum jemals nach Rom reiste und keinen Gedanken daran verschwendete, sich dort für das, was er vorhatte, Rat oder Zustimmung einzuholen. Nach dem Motto: Je weniger die römische Kurie weiß oder sich sogar einmischt, desto besser. Und gegen Ende seines Lebens schrieb er in seinem „Testament": „Niemand … zeigte mir, was ich tun sollte; aber der Höchste offenbarte mir, dass ich gemäß des Evangeliums leben sollte." Für einen römisch-katholischen Mönch ist das eine seltsame Äußerung. Sie lässt nämlich vermuten, dass er sich nicht auf Mittler (z. B. einen Priester, einen Beichtvater, eine im Glauben übergeordnete Instanz) verließ, um den Willen Gottes zu erfahren.

Außerdem hebt diese Äußerung hervor, wie wichtig ihm die Beziehung war, die jede Menschenseele zu sich selbst, zur Schöpfung und zu Gott hat. Jahrhunderte lang haben Menschen geglaubt, dass manche Menschen von Natur aus mit Seelengröße ausgestattet sind, während die Massen gewöhnlicher Menschen von ihren Gelüsten getrieben sind. Diese Vorstellung war im Werk der griechischen Philosophen genauso gängig wie in den Predigten des christlichen Mittelalters. Doch für Franziskus war jede Seele von Natur aus so gestaltet und ausgestattet, dass sie direkt und unmittelbar mit ihrem Schöpfer in Kontakt treten konnte.

Und genau das predigte er auch.

Wenn man in einem Fachbuch etwas über die Franziskaner und die Dominikaner liest, erfährt man, dass sie „Predigtorden" waren. Ihre Predigten waren nicht so, wie man sie heute kennt, ja, es war nicht einmal die Art von Predigten, von denen man in Büchern über das Mittelalter liest. Die bekannten Prediger aus dieser Zeit versammelten ein Publikum und hielten dann Vorlesungen, die nicht selten über eine Stunde dauerten. Andere Predigten, wie beispielsweise die von Meister Eckhart, waren feinsinnige theologische Abhandlungen. Die von Franziskus dagegen waren außerordentlich simpel. Manchmal predigte er in Kirchen, aber häufig sah eine franziskanische Predigt so aus, dass dabei mit Menschen gesprochen wurde, während sie auf dem Feld arbeiteten, oder beim Gehen am Straßenrand oder auf Plätzen, an denen zu allen Tageszeiten Menschen zusammenkamen.

Allen Berichten aus der damaligen Zeit zufolge war das, was Franziskus in seinen Predigten sagte, sehr bodenständig. Er sprach dabei nicht so, wie es Philosophen oder religiöse Führer in ihren Vorlesungen tun.

Der Papst in Rom hatte Franziskus und seinen Brüdern die Erlaubnis erteilt zu predigen, weil sie zur Buße aufrufen wollten, und welcher Kirchenführer wünschte sich nicht mehr bußfertige – das heißt gehorsamere – Untertanen? Ich vermute aber, dass der Papst nicht so angetan gewesen wäre, hätte er die Bandbreite an Themen gekannt, für die sich Franziskus, Juniper, Angelo und Rufino interessierten.

Es gibt keine Abschriften dieser frühen Predigten, vermutlich, weil es eher Gespräche waren als das, was wir heute unter einer Predigt verstehen. Franziskus und die anderen erzählten wahrscheinlich bekannte Gleichnisse aus den Evangelien nach oder Verse aus den Psalmen, und zwar auf möglichst anschauliche und bildhafte Weise. Zum Beispiel das Gleichnis vom verlorenen Sohn oder das von Lazarus und dem reichen Mann.

Bei einer denkwürdigen Gelegenheit wurde Franziskus gebeten, einer kleinen Gruppe von Frauen, die sich um Klara geschart hatte, eine kurze Andacht zu halten. Es heißt, dass er erst zögerte, vor diesen Zuhörerinnen zu predigen, aber es war die konkrete Bitte an ihn herangetragen worden, etwas Erbauliches zu sagen. Er stellte sich also in die Mitte des Kreises von Frauen, setzte sich auf den Boden und begann, sich schweigend Asche auf den Kopf zu streuen. Dabei sprach er kein Wort, sondern blieb einfach mit Ruß bedeckt dort sitzen. Die Frauen starrten ihn nur an. Nach ein paar Minuten begann Franziskus dann, Psalm 51 zu sprechen, der auch als altes Gebet bekannt ist, das *Miserere*, das im Lateinischen mit diesem Wort beginnt und übersetzt so viel bedeutet wie „Erbarme dich."
Es lautet:

Gott, sei mir gnädig
nach deiner Huld,
tilge meine Frevel
nach deinem reichen Erbarmen!
Wasch meine Schuld von mir ab
und mach mich rein von meiner Sünde!

Denn ich erkenne meine bösen Taten,
meine Sünde steht mir immer vor Augen.
Gegen dich allein habe ich gesündigt,
ich habe getan, was böse ist in deinen Augen.
So behältst du recht mit deinem Urteilsspruch,
lauter stehst du da als Richter.
Siehe, in Schuld bin ich geboren
und in Sünde hat mich meine Mutter empfangen.

Siehe, an Treue im Innersten hast du Gefallen,
im Verborgenen lehrst du mich Weisheit.

Ich frage mich, ob er wohl von Anfang an vorhatte, so vorzu-
gehen, oder ob es eine spontane Planänderung war.

Eine meiner Lieblingsdichterinnen des 20. Jahrhunderts
ist Elizabeth Jennings. Sie war Katholikin, lebte in Oxford
in England und litt ihr Leben lang unter Depressionen. Sie
schrieb einmal an ihren Freund und Verleger Michael Schmidt:
„Ich möchte dir einen erhabenen Vergleich für Poesie nennen:
Sie ist wie die Eucharistie. Es werden Worte gesprochen, ein
schlichtes Element wird dargeboten, und die Worte *verwan-
deln* dieses Element.“[1] Soweit wir es erkennen können, betrachtete Franziskus Worte ganz ähnlich wie Jennings, nämlich
als bedeutsam und als wirksam. Außerdem vertrat Franziskus
die Überzeugung, dass sich das, was man sagen will, am besten
mit möglichst wenigen Worten vermitteln lässt.

Diese Sichtweise sorgte manchmal auch dafür, dass Franziskus entsetzt war über seine eigene Heuchelei, wenn er

etwas sagte, das nicht mehr stimmte. Einmal beispielsweise hatte er eine Mahlzeit mit Fleisch zu sich genommen, was bei den Brüdern nur sehr selten vorkam und nur zu besonderen Anlässen oder wenn körperliche Schwäche es notwendig machte. In diesem Fall, weil Franziskus krank war. Bereits kurz nach dem Essen besserte sich sein Zustand, und, so erzählt Bonaventure, plötzlich wurde ihm bewusst, dass es möglich war, gut zu essen, ohne dass es jemand erfuhr. Das beunruhigte ihn sehr, weil er seine Anhänger seit Jahren anwies, dankbar alles zu essen, was ihnen vorgesetzt wurde und auch dankbar zu sein für das, was sie an Straßenecken erbettelten. Und da war er nun und verspeiste – auch wenn es nur eine sehr seltene Ausnahme war – eine vollständige gute Mahlzeit, ohne dass jemand davon wusste. Dieser Umstand machte es noch schlimmer.

Er wollte nicht, dass ihn jemand für so vergeistigt hielt. Er hatte plötzlich das Gefühl, sich der Völlerei schuldig zu machen, weil er gut gegessen hatte, trotz der Umstände, die es ja erklärten, wenn nicht sogar rechtfertigten. Also schickte er eine Nachricht in die Stadt und bat die Bewohner, sich auf dem Marktplatz an der Stelle zu versammeln, wo normalerweise Kriminelle der Verachtung der Öffentlichkeit ausgesetzt wurden. Dort wies er ein paar der Brüder an, ihm ein Seil um den Hals zu legen, ihn bis auf die Unterwäsche zu entkleiden und ihn an den Pranger zu stellen, von wo aus er dann predigte. „Die Menschen, die sich versammelt hatten, staunten nicht schlecht über das große Spektakel", schreibt Bonaventure mit lobendem Unterton.[2] Ja, es war wirklich ein Spektakel.

Aus heutiger Sicht kommt uns das Ganze verständlicherweise exzentrisch, wenn nicht gar grotesk vor.

Es gibt noch weitere Beispiele für diese Art von Verhalten. Ein früher Text berichtet, wie Franziskus einer alten Frau, die ihn um Hilfe bat, seine Mönchskutte schenkte und er sich hinterher richtig gut fühlte (in dem Text wird das als „Prahlerei" bezeichnet). Ich stelle mir vor, dass er sich gut fühlte, weil er im richtigen Moment am richtigen Ort war, um der Frau zu helfen, und weil er sofort und großzügig auf ihre Bitte reagiert hatte. Gott weiß, dass wir im entscheidenden Moment nicht immer so reagieren, wie wir es uns wünschen würden. Doch als er sich dieses Mal so gut fühlte wegen seiner Reaktion, „bekannte er es denen, die gerade bei ihm waren", sofort.[3]

Sein Gespür für Heuchelei muss anderen damals, so wie uns heute auch, seltsam und völlig übertrieben vorgekommen sein. Diese Episoden ereigneten sich zu einer Zeit, als Franziskus von seinen eigenen Zeitgenossen bereits heiliggesprochen worden war und er zunehmend wachsam und zurückhaltend wurde, was Aufmerksamkeit für seine Person betraf. Sie war ihm peinlich.

Franziskus predigte sogar den Vögeln, weil er glaubte, dass Worte etwas zählen und bedeutsam sind. Namentlich erwähnt unter den Zuhörern dieser „ersten Predigt" wurden die Krähen. Ich frage mich, ob Franziskus deren Ernährungsweise wohl etwas ausmachte, weil sie ja unter anderem auch Aasfresser sind. Und ich frage mich, was er wohl darüber gedacht hat, dass Krähen auch Vogeleier und Singvogelküken fressen. Ich vermute, dass er all das schon beobachtet hatte und es deshalb wusste, denn seine Beobachtungsgabe war außergewöhnlich.

Wahrscheinlich wusste er deshalb auch, was Krähenexperten sagen: „Krähen sind das Gegenteil von scheu, das Gegenteil von getarnt und deshalb die Verkörperung von Eigenwerbung."[4]

Die Krähen seiner Predigtgemeinde waren weder klein noch wohlklingend und priesen so, wie sie waren, ihren Schöpfer auf eine Weise, wie es nach unserer Vorstellung sonst eher die hübscheren, kleineren Vögel tun. Aber Krähen haben ihre ganz eigene Art, ihr Gotteslob durch ihr Leben auszudrücken. Genau wie Reptilien, auf die Franziskus nach Aussage desselben frühen Chronisten nach dieser ersten Predigt vor Geschöpfen aufmerksam wurde.

Ich vermute, dass er zu jeder Spezies gesondert sprach, aber warum sich die ersten Chronisten wohl die Mühe machten, solche Dinge überhaupt zu dokumentieren?

In den meisten von Franziskus' frühen Predigten stand die Würde jedes Geschöpfes und jedes Menschen im Mittelpunkt. Die Würde im Innersten jedes Einzelnen müsse entdeckt werden, der Ursprung der Beziehung zu Gott, der uns geschaffen hat. In den Predigten von Franziskus stellt diese grundlegende angeborene Würde den Ausgangspunkt dafür dar, auf den Schöpfer zu reagieren, der sich wünscht, dass wir ihm Lob und Dank singen für unser Leben und ein fruchtbareres und erfüllteres Leben füreinander wollen.

Dass Vögel so klein sind, machte einen Teil des Reizes aus, den sie für Franziskus' Predigten hatten. Er wünschte auch sich selbst und anderen, so klein zu sein, denn seiner Meinung nach sollten wir alle klein sein und es auch bleiben. Nichts anderes bedeutet die christliche Tugend der „Abwärtsmobilität", von der der Theologe Henry Nouwen immer wieder sprach. Nouwen gab seine Position als Professor an der Harvard Divinity School auf, um ganz bewusst in Gemeinschaft mit geistig und körperlich behinderten Menschen zu leben und das, was er predigte, auch praktisch umzusetzen. Schon der Name des Ordens von Franziskus war – ganz bewusst Friar Minor, also „Kleine Brüder" –, woran Franziskus die Brüder auch immer wieder erinnerte, besonders wenn die Bischöfe oder Universitäten oder der Papst sie in irgendeiner Form ehren wollten. Ein Minorit sollte kein hohes kirchliches Amt bekleiden, und Franziskus bereitete es schon einige Mühe, wenn Brüder den Wunsch hatten, Priester zu werden. Er sagte, der Verzicht auf Ämter habe den Zweck, „mit den Füßen auf dem Boden zu bleiben" und „in die Fußstapfen der Demut Christi zu treten".[5]

Seine Stimme wurde als „lebhaft und weich, klar und voll" beschrieben; seine Worte als „beruhigend, eindringlich und durchdringend"[6], auch wenn er ein Mensch war, der nicht viele Worte machte.

In einer seiner letzten Schriften mit dem Titel „Aufforderung zum Lobe Gottes" schreibt er auf ein langes Stück Pergament – das bis heute existiert – all die Nomen, die er benutzt als Versuch einer Definition, wen er den „heiligen Gott, den einzigen Gott" nennt. Franziskus richtet die Worte direkt an Gott und sagt: „Du bist Weisheit. Du bist …

Schönheit … Ruhe … Gerechtigkeit … Lieblichkeit. Du bist Hoffnung."[7] Und so weiter. Es heißt, er habe dies geschrieben, nachdem er nach einem vierzigtägigen Fasten, bei dem er Gott in Christus körperlich in seinem eigenen Körper gespürt hatte, den Berg La Verba wieder hinunter ging.

Seine Predigt blieb immer praktisch und in der Erfahrung gegründet, auch wenn sie nur aus zwei Worten bestand und manchmal sogar ohne Worte auskam. Und bis zum Schluss kam er immer wieder auf dieselben Themen zurück, beginnend damit, dass man sein Leben umkrempeln solle.

Dieses Umkrempeln begann für ihn eher mit Taten als mit Worten. Am Ende des ersten Abschnitts des „Testaments", dieser bereits erwähnten Zusammenfassung seiner Schriften, beendet Franziskus seine Beschreibung dessen, was innerlich in ihm vorging, als Gott ihm half, das erste Mal in einem Leprakranken ein menschliches Antlitz zu sehen, und schließt abrupt mit den Worten: „Ich stand auf und kehrte der Welt den Rücken."

Das sagt er, als ob er nur ins Nebenzimmer gehen will. Oder vielleicht entspräche es ihm und seiner Art eher zu sagen, dass er aufstand, hinaus ins Freie ging und nie wieder zurückkam.

Zack! Er macht eine Kehrtwende und schlägt einen neuen Weg ein.

Wenn wir heute versuchen, den Weg des Franziskus zu gehen und nach seinen Grundsätzen zu leben, dann gibt es einen klaren Aufruf und einen schmalen Grat.

Es gibt eine alte christliche Lehre – sie stammt vom heiligen Augustinus –, die besagt: „Ohne Liebe kann es keine Gerechtigkeit geben", und dann gibt es die grundlegende und ganz richtige Umkehrung dieser Aussage von der amerikanischen Professorin und Sozialaktivistin Bell Hooks, die lautet: „Es kann keine Gerechtigkeit ohne Liebe geben."[8]

Solange nicht alle Menschen bestimmte Grundrechte haben, ist es Unsinn zu behaupten, dass Liebe vorhanden ist. Eine aktive Umkehr ist von entscheidender Bedeutung. Wir müssen einen neuen Weg tatsächlich erst einmal einschlagen, bevor wir mit Recht behaupten können, auf einem neuen Weg zu sein.

In besagtem „Testament" erinnert Franziskus seine Brüder daran, was das Entscheidende ist. Zum Beispiel gab jede Person, die zu ihm kam und so leben wollte wie er, ihren gesamten Besitz den Armen. Jeder von ihnen lebte sehr einfach. Sie einigten sich darauf, fleißig zu arbeiten. Jeder war glücklich darüber, mit weniger zu leben. Und sie beteten das Brevier. Diese bescheidenen Opfer waren ein Weg, der in Liebe begann und in Liebe und Gerechtigkeit weiterführte. Zusammenfassend sagt Franziskus: „Wir waren schlicht und einfach und ordneten uns einander unter."[9]

16.
ANFANGEN
ZU TANZEN

Jeder, der versucht, über Gott zu sprechen, ohne wenigstens ein bisschen zu singen, zu tanzen oder Gedichte zu rezitieren, bekommt einen sehr trockenen Mund und ziemlich unbefriedigende Gespräche. Wie bereits in der Einleitung erwähnt, habe ich als Mensch altersmäßig das halbe Jahrhundert voll, und ich erlebe, wie sich der Kreis des Lebens langsam schließt und ich mich zu fragen beginne, was wohl noch so alles kommt. In Franziskus erkenne ich einen Mann, der mehr sang, tanzte und Poesie lebte, je mehr er das Gefühl hatte, sich dem Ende zu nähern. Mittlerweile kann ich mir vorstellen, dass das auch mir möglich ist, auch wenn ich das früher nie so für mein Leben sehen konnte.

Adrenalin, Leidenschaft und Ehrgeiz sind der Antrieb im frühen Erwachsenenalter. Bei mir war das jedenfalls so und so ist es bis heute, aber wenn man die Lebensmitte überschritten hat, beginnen auch andere Dinge in einem zu brodeln, obwohl uns immer mehr die Sicherheit genommen wird.

Es gibt eine wunderschöne lebensgroße Franziskus-Statue im Hof der *Cathedral Basilica of St. Francis of Assisi* in Santa Fe, New Mexico. Sie trägt den Titel „Der Heilige Franziskus tanzt auf dem Wasser" und zaubert so manchem Betrachter ein Lächeln ins Gesicht. Franziskus' Gesicht ist gen Himmel gerichtet, während er gleichzeitig mit seinem linken Bein eine Arabesque versucht. Seine Arme sind von den riesigen Ärmeln seiner Kutte verdeckt – bei der klösterlichen Kleidung soll dadurch symbolisiert werden, dass wir (unsere Arme) ohne Gottes Hilfe nichts tun können – und von dem Bildhauer so gestaltet, dass sie beinah wie Engelsflügel aussehen.

Franziskus tanzt also nicht tatsächlich, sondern im übertragenen Sinn auf dem Wasser.

Sein Tanz ist getragen von seiner Verletzlichkeit, die er akzeptierte und auch bei anderen würdigte, ebenso wie Kehrtwenden – aber nicht von Bedenken und Zaudern. Er behauptete nie, auf alles eine Antwort zu haben, aber Freude, Gesang und Poesie trugen ihn. Er gestand häufiger ein, etwas nicht zu wissen, als er behauptete, etwas zu wissen. Und von all dem sang er. Seine Verletzlichkeit zeigte er auch dadurch, dass er Fehler zugab. Am Ende seines Lebens wurde er sogar berühmt dafür, dass er eingestand, sich selbst Unrecht getan zu haben – nicht freundlich gewesen zu sein zu „Bruder Ass", wie er seinen Körper nannte, sein eigenes menschliches Leben nicht genügend wertgeschätzt zu haben.

Er tanzte auch, indem er sich furchtlos an andere verschenkte. Einmal wurde er von einem kranken Mann gebeten, ihm beim Baden zu helfen. Die Geschichte geht folgendermaßen: „Der selige Franziskus erwärmte sogleich Wasser mit wohlriechenden Kräutern, und nachdem er den Leprakranken entkleidet hatte, begann er, ihn mit den Händen zu waschen, während ein anderer Bruder Wasser über den Mann goss. Und während Franziskus ihn wusch und seinen Körper äußerlich säuberte, reinigte er auch dessen Seele von innen."[1] Solche Dinge erleichterten ihm das Tanzen.

Gegen Ende seines Lebens machte er sich bereit, dem Tod furchtlos ins Auge zu blicken, denn er hatte akzeptiert, wie gebrechlich er schon war. Sieben Jahre zuvor hatte er seine Reise ins Land der Pharaonen und der Sphinx unternommen, dazu hatte er das Meer überqueren müssen, was wir uns heute vielleicht langweilig und ereignislos vorstellen – aber das ist eine Sache unserer heutigen Zeit. Bis noch vor etwa 500 Jahren hielt man die Meere für chaotische Überreste der großen Sintflut, von der die Erde vollständig zerstört wurde.[2] Im Garten Eden gab es weder ein Meer noch einen See, geschweige denn eine Küste. Es gab nur eine wüste ausgedehnte Wasserfläche, der sich Gott bei der Sintflut bediente, und auch danach blieben die Meere die chaotischsten und unberechenbarsten Orte auf der Welt. Doch Franziskus reiste ohne Furcht, denn er hatte nichts zu verlieren. Auch das erleichterte ihm das Tanzen.

Er lebte spontan und unberechenbar. Wäre er Musiker gewesen, hätten die Mitglieder seiner Band vor Beginn des Konzerts erst einmal abwarten müssen, was er tat, bevor sie wussten, wie sie ihn begleiten sollten. Wäre er ein Tänzer in einer Tanztruppe gewesen, wäre er derjenige gewesen, der stets improvisiert und spontan etwas Neues versucht, während die anderen versuchen, es nachzutanzen.

Doch er tanzte nicht nur im metaphorischen Sinne.

Er war ein Gaukler Gottes, ein echter Mann des Gesangs und des Tanzes. G. G. Coulton, Historiker und Spezialist für mittelalterliche Geschichte, hat es einmal so formuliert: „Das gesamte 13. Jahrhundert hindurch finden wir eine zunehmende Flut an beliebten religiösen Werken, die direkt mit den normalen Barden ... konkurrierten ... der heilige Franziskus hatte seinen Anhängern gesagt, sie sollten Gaukler Gottes sein – *joculatores Dei*. Von ihm selbst wird berichtet, dass er eine seiner bemerkenswertesten Predigten auf der Grundlage des Textes eines französischen Liebesliedes hielt. Und einer seiner frühen Anhänger, Bruder Henry von Pisa, sei einmal zu dem Schluss gekommen, dass ‚der Teufel nicht all die besten Melodien haben soll'."[3]

Selbst als er in Rom vor dem Papst stand, umgeben von all den Kardinälen der Kirche, begann er einmal zu tanzen. Sein erster Biograf beschreibt diese Szene beinahe entschuldigend folgendermaßen: „Er sprach mit einem solchen geistlichen Feuer, dass er vor Freude nicht an sich halten konnte. Während er die Worte mit dem Mund herausbrachte, bewegte er seine Füße, als würde er tanzen, nicht leicht und spielerisch, sondern so als würde er vom Feuer der Liebe Gottes brennen."[4]

Franziskus war Gott und seinem Glauben gegenüber gehorsam. Heute bereitet uns Gehorsam verständlicherweise Schwierigkeiten, denn in der Regel ist es ja Gehorsam, der auch verhindert, dass ein Mensch, der misshandelt wird, sich aus dem Griff des Täters befreit. Gehorsam kann von denen, die Macht besitzen, auch als – manchmal vergeistlichte – Waffe eigesetzt werden, um diejenigen, die nicht so sicher und bestimmt auftreten, unter Kontrolle zu behalten. Doch dieser Art von Gehorsam begegnet man im Leben und der Lehre von Franziskus nicht. Er war auf eine Weise gehorsam, wie es die Wüstenväter und -mütter lehrten. Sie sagten, dass es, wenn manche den Gehorsam loben, so sei, als wenn man einem Ochsen die Augen verbinde, damit er ewig weiter das Mühlrad antriebe, ohne sich zu beklagen oder Fragen zu stellen. Und so ein Vorgehen war der Lehre der Wüstenväter und -mütter nach vom Teufel. Das sei pure Demütigung, die nicht das Geringste mit Gott zu tun habe. Sie sagten aber auch, dass es einen Gehorsam Gott und den geistlichen Geschwistern gegenüber gebe, und zwar in Form weit geöffneter Augen, Ohren und einem nicht verschlossenen Mund.

Gehorsam, Gauklerei, Unberechenbarkeit – das alles gehörte zum Tanz von Franziskus, und er ermutigte andere, diesen mit ihm mitzutanzen.

Normalerweise geht man davon aus, dass das Leben eines kreativen Menschen wie Franziskus mit so viel Leidenschaft bereits in der Kindheit beginnt; einer Leidenschaft, die sich dann mit der Zeit immer mehr erschöpft. Das „Feuer" erlischt sozusagen, vielleicht aus Erschöpfung oder Enttäuschung, weil kreative Menschen von Seiten der Welt nur selten verstanden werden. Ich gebe zu, dass ich mich dieser Sichtweise in einem meiner früheren Bücher über Franziskus angeschlossen habe … Dem Narrativ, dass er seine Bewegung mit brennendem Eifer begann, irgendwann enttäuscht war und schließlich relativ jung starb, nachdem er körperlich stark angeschlagen und auch sein Geist übel zugerichtet war.

Aber so sehe ich ihn mittlerweile nicht mehr. Heute nehme ich ihn vielmehr als einen Menschen wahr, dessen Körper ihn mit Anfang vierzig im Stich ließ, in dem aber immer noch jede Menge Kreativität loderte. Er tanzte nie mehr und offenkundiger als in seinen letzten beiden Lebensjahren, als er die außergewöhnlichste Lehre schrieb, die es von einem Heiligen

aus dem Mittelalter gibt den „Sonnengesang". In dem Lied
ahnt er die Epoche naturwissenschaftlicher Blüte, die kommen sollte, bereits voraus, ja er beflügelte sie sogar.

Ein Naturwissenschaftler, der Begründer der Elektroche-
mie, sagte 1810 in einem Vortrag: „Nichts ist so tödlich für
die Weiterentwicklung des menschlichen Verstandes, wie an-
zunehmen, dass unsere Sicht von der Wissenschaft letztgültig
ist, dass es in der Natur keine Geheimnisse mehr gibt."[5]

„Der Sonnengesang" zeigt, wie wahr die Worte dieses
Wissenschaftlers sind, auch wenn der „Sonnengesang" für
Franziskus natürlich nichts mit Wissenschaft zu tun hatte.
„Bruder Sonne" und „Schwester Mond" zu preisen, offenbart
das Weltbild von jemandem, der frei genug war, die Welt mit
ganz schlichter Aufmerksamkeit zu betrachten. Um es mit
den Worten eines anderen Dichters auszudrücken: Der Lobgesang war ein Beispiel für ein „freudiges, ja gar ekstatisches
Ereignis der Selbstvergessenheit im Akt der Teilhabe."[6]

Um einen Blick darauf zu erhaschen, wie es ausgesehen
haben muss, als Franziskus seinen „Sonnengesang" kompo-
nierte oder andere Lieder, die von den Brüdern gesungen
wurden, versuchen Sie einmal, sich folgende Szene vorzustellen, die in mehreren der frühen Texte geschildert wird:

Manchmal tat Franziskus Folgendes: Eine vom Geist einge-
gebene süße Melodie stieg in ihm auf und wurde dann häufig zu einem französischen Lied; das Thema eines göttlichen
Flüsterns, das für die Ohren kaum wahrnehmbar war, brach
sich in einem französischen Lied Bahn.

Dann wieder hob er einen Stock vom Boden auf, legte ihn sich über den linken Arm und zog dann mit der rechten Hand einen anderen Stock darüber wie über eine Geige oder ein anderes Saiteninstrument. Mit den entsprechenden Bewegungen sang er dann auf Französisch Lieder über den Herrn Jesus.

Sein Tanzen endete oft in Tränen, und jeder Freudenschrei löste sich in Mitfühlen mit dem Leiden Christi auf. Dann seufzte und schluchzte er unablässig. Völlig vergessend, was er in den Händen hielt, war er ganz und gar entrückt.[7]

Zu Beginn dieses Kapitels habe ich die Bronzestatue in Santa Fe mit dem Titel „Der Heilige Franziskus tanzt auf dem Wasser" erwähnt. Es gibt in der Kirchenkunst noch ein weiteres Beispiel, das etwas zu dieser Thematik beitragen kann. Es handelt sich um ein riesiges umlaufendes Fresco gemalter Ikonen von Heiligen aus unterschiedlichstem Hintergrund aus allen Zeiten und Kulturen, das die Rotunde der *St. Gregory on Nyssa Episkopalkirche* in San Francisco schmückt. Neunzig Menschen, vier Tiere, Sterne, Monde, Sonnen und Christus sind dort dargestellt, und zwar tanzend. Das Kunstwerk heißt *The Dancing Saints* (Die tanzenden Heiligen).

Sie sollten es sich anschauen. Der Heilige John Coltraine tanzt mit seinem Saxophon. Der Heilige Franziskus tanzt mit dem Wolf von Gubbio. Thomas Merton, Malcolm X, Anne Frank, Anne Hutchinson, Nicholas Black Elk, Cesar Chavez, Ella Fitzgerald, Christine de Pisan, Martin Luther, Maria Magdalena, Dante, Desmond Tutu, Bartholomé de

Las Casas, Andre Rubljow, Mirabai, Papst Johannes XXIII. und der Prophet Jesaja sind alle dort oben abgebildet, Arm in Arm.

17.
EINFACH
LEBEN

Manchmal stelle ich mir Franziskus im Gespräch mit einem Zen-Meister vor. Das fühlt sich für mich völlig passend und plausibel an. Zum Beispiel mit dem Zen-Dichter Dōgen Zenji, der im selben halben Jahrhundert lebte wie Franziskus, allerdings auf der anderen Seite der Welt, in Japan.

Dōgen fragt: *Wo lebst du?*

Franziskus antwortet: *Hier und da.*

Was meinst du mit hier und da?

Ich bin viel unterwegs.

Warum denn das?

Wir bauen keine Häuser.
Wir planen nicht einmal, was wir morgen essen.

Warum denn nicht? Bist du in Eile?

Nein, das nicht, aber es weiß doch keiner,
wo wir nächstes Jahr sind oder morgen.

Dann könntest du dich doch einfach dort, wo du morgen hingehst,
in einem anderen Haus niederlassen.

Ich glaube nicht. Wenn ich baue, kann ich nicht zuhören.

Franziskus hatte eine anti-bürgerliche Haltung, so jedenfalls hätte man es vor etwa einem halben Jahrhundert bezeichnet. Ich glaube, heute können wir seine Haltung mit ihrem Nachhaltigkeitsgedanken besser nachvollziehen als damals. Er lebte auf dieser Erde mit leichtem Gepäck – oder minimalistisch, wie wir heute sagen würden.

Diese einfache, grundlegende Eigenschaft ist in den Legenden über ihn verloren gegangen. In den meisten Büchern über den heiligen Franziskus findet man viele Wunder und wundersame Begebenheiten, aber wenn Sie heute einen Franziskaner bitten, den Franziskus zu beschreiben, den er kennt, dann gehört der sehr einfache Lebensstil mit zum Ersten, was genannt wird.

Zu Lebzeiten von Franziskus und besonders auch nach seinem Tod waren wundertätige Heilige verbreitet und oft extrem in Bezug auf ihre Visionen und Ekstasen und seltsam anmutenden Akte der Frömmigkeit. Ich habe nie eine zufriedenstellende Erklärung dafür gehört oder gelesen. Ich vermute aber, dass religiöse Menschen ein wundersames, übernatürliches Leben nicht begreifen konnten, ohne Fantasy und Science Fiction hinzuzufügen.

Wie zum Beispiel bei Christina der Wunderbaren (unter dem Namen war sie bekannt), die 1224 in Belgien starb, aber anscheinend ein halbes Jahrhundert zuvor schon einmal gestorben war. Während ihrer Begräbnismesse war sie aus dem Sarg gestiegen. Sie war auch bekannt dafür, dass sie als Form des Gebetes, und um Seelen aus dem Fegefeuer zu befreien, in brennende Feuer sprang. Gott hatte ihr gesagt, dass das

Fegefeuer ihr nichts anhaben könne, weder in diesem Leben noch im kommenden.

Es gab auch eine Zisterziensernonne, die heilige Lutgard von Tongern, eine Freundin von Christina, die nur ein Jahr nach Franziskus geboren wurde, aber zwanzig Jahre länger lebte als er. Die Geschichten aus ihrem Leben wurden unmittelbar nach ihrem Tod niedergeschrieben. Von ihr hieß es zum Beispiel, dass der verstorbene Papst Innozenz III. – der Papst, von dem Franziskus 1209 die Erlaubnis bekam zu predigen – ihr persönlich für ihre segensreichen Gebete während seines Pontifikates gedankt habe. Sie bat außerdem um das Herz Christi und bekam es auch. Der Herr nahm ihr das Herz heraus und tauschte es gegen seines aus.

Ich finde nichts von alledem besonders hilfreich. Es gibt auch eine Heilige aus dem Dritten Orden des heiligen Franziskus namens Angela von Foligno, die durch die Aufforderung Franziskus', sich um Leprakranke zu kümmern, richtig in Ekstase geriet. Sie säuberte die Wunden der Kranken, aß gelegentlich den Schorf oder hielt ihn hoch und verglich ihn mit einer geweihten Hostie.

Etwa ein halbes Jahrhundert nach Franziskus' Tod begannen einige Leute zu behaupten, dass Franziskus oft etwa einen Meter über dem Boden geschwebt habe. Christina die Wunderbare war angeblich sogar bis hinauf zur Kirchendecke geschwebt, nachdem sie sich in ihrem Sarg aufgerichtet hatte.

Es war, als ob ein Leben wie das dieser Heiligen oder jedes Leben im Glauben nicht ohne mystische Akrobatik erklärt werden konnte.

Dabei besteht gar nicht die Notwendigkeit, auf so etwas zurückzugreifen und solche Verbiegungen zu vollziehen, um zu erklären, wer Franziskus war. Tut man das aber trotzdem, könnte man leicht zu der Schlussfolgerung gelangen, dass sein Lebensstil und sein Wirken nichts mit dem wirklichen Leben zu tun und deshalb auch keine Bedeutung dafür haben. Aber das ist nicht der Eindruck, den man gewinnt, wenn man die frühen Biografien über ihn liest, oder besser noch seine eigenen Schriften. Ja, er war tatsächlich außergewöhnlich, aber er war auch klein, still und menschlich. Das ist wichtig festzuhalten.

Der Weg des Franziskus zu Wohlergehen und Harmonie ist das Gegenteil dessen, was heute propagiert wird. Er war auf eine Art frei, die uns heute weitgehend fremd ist, denn Freiheit wird heute allgemein verstanden als Freiheit von Einschränkungen, und wir glauben, dass der sicherste Weg zu Glück, Frieden und Vergnügen in unserem Leben im Wegräumen solcher Einschränkungen besteht. So freuen wir uns beispielsweise auf den Freitag, weil wir dann frei haben von der Arbeit des Alltags. Wir freuen uns vielleicht über die Freiheit, eine fundamentalistische Tradition hinter uns zu lassen, oder die Freiheit, nicht zu heiraten, oder jede Freiheit, nicht an Regeln „gebunden" zu sein oder an irgendeine Form von Verpflichtung oder Verbindlichkeit.

Der Weg des Franziskus ist ein Lebensstil bescheidenen Verzichts als Weg zu Frieden und einem erfüllten Leben – und so zu Freude und Glück. Freiheit ist innerlich zu erleben und nicht äußerlich zu finden. Und sie ist zu finden, indem man den Wunsch nach Ablenkung – in welcher Form auch immer – zügelt, und sich ihr so gut es geht entzieht. In diesem Zusammenhang sind auch Franziskus' nächtliche Gebete zu verstehen. Bei Nacht gibt es weniger Ablenkung. Aber die Reduzierung von Reizen ist auch eine Art von Verzicht (vgl. Kap. 12). Und ein einfaches Leben ist ein Leben, das nicht so leicht durch den Wind weltlicher Sorgen vom Kurs abkommt.

Franziskus und Klara haben sich beide auf diese schlichte und einfache Art und Weise „beschränkt" und darin ihre Freiheit gefunden. Ihre „Einschränkungen" waren nicht von anderen auferlegt, sondern aus freien Stücken gewählt, sodass sie letztlich keine „Einschränkungen" waren – sondern eigener, freiwilliger Verzicht. Jemand mit einem anderen Freiheitsverständnis würde nie verstehen, wie es möglich sein sollte, so viel von dem, was die Welt zu bieten hat, aufzugeben und trotzdem so frei zu sein.

Franziskus begann, diese Lektion zu lernen, als er den Weg einschlug, weg aus einem Leben mit allen weltlichen Möglichkeiten zu gehen und sich hineinzubegeben in eine Welt, in der es all diese Wünsche und Begierden nicht mehr gab. Als er seinen Fokus darauf legte, das zu sehen und zu tun, was am wichtigsten ist. Wie der große afroamerikanische Philosoph und politische Aktivist Cornel West sagte, ist eine der wichtigsten Lektionen, die der Mensch lernen kann, „sich den Dingen zu widmen, auf die es ankommt ... wesentlichen und nicht oberflächlichen Dingen".[1] Wenn wir das nicht wieder lernen, werden wir zu unseren Lebzeiten niemals Frieden und Glück – wirkliche Freiheit – finden.

Diese Art von Verzicht – nicht alles mitzumachen, nicht jedem interessanten Thema und Trend zu folgen, nicht Berühmtheit anzustreben – bezeichnete Juliana von Norwich als „naughting" (auf null bringen). Wie sehr es doch der gegenwärtigen Kultur widerstrebt, einen Lebensstil zu positiv zu beurteilen, der Vorstellungen von einer mit drohendem Zeigefinger vorgetragenen Zurechtweisung weckt.

Ein anderer christlicher Mystiker des Mittelalters, Jan van Ruusbroec, sprach metaphorisch von dem, dem er im Gebet begegnen wollte, und verglich Gott mit der „dunklen Stille ewiger immer Leere" – und stellte sein eigenes entleertes Selbst als „betrunken vor Liebe und schlafend"[2] in diesem Gott dar. Genau das entspricht auch Franziskus' und Klaras Freude, eine Freude, die durch Askese und Einfachheit entsteht.

Klara riet einmal einer Freundin: „Mögest du das, was du tust, auch weiterhin tun und nicht damit aufhören. Mögest du flink, mit Geschicklichkeit und unbeirrbaren Füßen, mit Freude und Sicherheit vorwärts gehen in dem Wissen, dass du auf dem Weg der Weisheit und des Glücks bist. Glaube nichts und erkläre dich mit nichts einverstanden, was dich von dieser Verpflichtung abbringt. Nichts soll dich daran hindern dürfen zuzulassen, dich dem Höchsten selbst in der Vollkommenheit zu opfern, zu der dich der Geist berufen hat."[3] Das gilt für jeden Menschen, der auf dem franziskanischen Weg unterwegs ist.

Verzicht in Verbindung mit einer unbeschwerten Lebenseinstellung. Das mag zunächst irritieren, aber unbeschwert zu sein, heißt nicht, sich nicht zu kümmern, sondern nur, sich nicht um Unwichtiges zu kümmern. Für Franziskus war die Liste unwichtiger Dinge lang. Auf seiner Liste der Dinge, um die er sich nicht kümmerte, weil sie unwichtig waren, stand unter anderem auch, was er am nächsten Tag essen oder wo er schlafen sollte. Unsere Liste wird wahrscheinlich anders aussehen.

Eines der frühen Gedichte von Langston Hughes beginnt so:

The rhythm of life
Is a jazz rhythm,
Honey.
The Gods are laughing at us.[4]

Der Rhythmus des Lebens
Ist ein Jazz Rhythmus,
Liebling.
Die Götter lachen über uns.

Gott lacht tatsächlich über uns, wenn und während wir unser Leben bis ins Kleinste organisieren in Bezug darauf, wo wir in zehn Jahren oder im nächsten Jahr stehen werden.

Es ist wie in der Geschichte von dem Mann, der davon träumte, reich zu werden, und der gehört hatte, dass an einer ganz bestimmten Stelle ein Schatz zu finden sei, der nur auf die richtige Person wartete, die wirklich absolut engagiert und bereit sei, ihn zu finden. Also reiste er eine weite Strecke und las die Anweisungen, die er dort vorfand, und die lauteten: „Schau zu Hause unter dem Fußboden nach." Und es stellt sich heraus, dass der Schatz die ganze Zeit dort gelegen hatte.

Es gibt eine Art, Gott zu kennen, die für uns viel inniger und intensiver ist als jede Form von Glauben oder sich zufrieden zu geben mit dem Status quo. Diese Art, ihn zu kennen, ist das Wissen darum, dass unser Leben und unsere Erfahrungen Teil des Lebens Gottes sind. Deshalb flehte Franziskus seine Geschwister im Geist auch an, wenn möglich nicht Theologie zu studieren, weil dadurch nur allzu leicht verhindert werde, wirklich mit Gott zu leben.

Der Schweizer Psychiater Carl Jung schrieb über diesen vermeintlichen Widerspruch in einem Brief an einen Freund einmal: „Die Leute sprechen von *Glauben*, wenn sie das *Wissen* verloren haben." Deutlich besser fügt er dann hinzu: „Die (Person, die bereit ist, einfach/schlicht zu sein), *glaubt* nicht, sondern *weiß*, weil ihr das innere Erleben zu Recht genauso viel bedeutet wie das äußere … Wir löschen das innere Erleben aus mit sogenannter ‚geistlicher Entwicklung‘, was bedeutet, dass wir in künstlichem, selbst hergestelltem elektrischem Licht leben und – um die Komödie noch zu verstärken – an die Sonne glauben oder nicht."[5] Dieses Lob der Sonne, statt Religiosität oder Theologie, ist das, was Franziskus als Weg des Friedens kannte, als einen Weg zur Überwindung von Angst und einen Weg der Gnade.

Statt Theologie, Pläne und Verwaltung wollte Franziskus etwas über Liebe und Hass, Leidenschaft und Konflikt, Reisen und Freude erfahren – und er verbrachte sein Leben damit, sich mitten in all das hineinzubegeben. So kam es auch dazu, dass er an jenem Tag loszog, um den Wolf von Gubbio zu treffen, und ihn, als er zurückkam, als seinen Bruder kennengelernt hatte. Es ist einfacher, einem Wolf die Schuld zu geben, als sich mit einem Wolf anzufreunden. Es ist einfacher, einen Wolf als etwas von uns Getrenntes zu betrachten, als in jedem Wolf auch uns selbst zu sehen und einzugestehen, dass wir hin und wieder selbst Wölfe sind. Und vielleicht wird uns klar, dass die Probleme, die wir oft auf Wölfe schieben, Probleme sind, für die zum Teil wir selbst mit verantwortlich sind. Die Geschichte bietet viele Beispiele dafür, dass Menschen Wölfe beschuldigten – oder in Asien Tiger oder in gebirgigen Gegenden Pumas –, das Wild zu dezimieren, nur um später, nachdem sie die „Raubtiere" auf der Jagd zur Strecke gebracht hatten, festzustellen, dass es Menschen gewesen waren, die dies getan hatten.

Aus all diesen Gründen und wegen all dieser Art und Weisen lautet Franziskus' Lektion, den Wolf einfach zu füttern.

Franziskus war ein kleiner Mann, der kleine Dinge tat, die die Welt verändert haben, und er machte den Weg leicht. Ich begegne Franziskus in den Worten der Nobelpreisträgerin Swetlana Alexijewitsch, die sagt: „Ich fühle mich immer zu dieser kleinen Einheit hingezogen: zu einer Person, dem/der Einzelnen. Dort passiert nämlich eigentlich alles."[6]

DANKSAGUNG

Ich möchte meiner Freundin und Kollegin Lil Copan dafür danken, dass sie dieses Projekt umsorgt und gehütet hat. Danke auch den franziskanischen Mentoren Richard Rohr, Murray Bodo und dem verstorbenen Jack Wintz, allen Franziskanern und auch allen meinen Lehrern.

Mein Dank geht auch an Frederic und Mary Ann Brussat, liebe alte Freunde von mir, und auch an die Zaunkönige letztes Frühjahr, die mir morgens am See Gesellschaft leisteten – dieses Buch und sein Weg in eine ungewisse Welt hinein sind für euch.

Danke der Paraclete Press für die Erlaubnis, meine Übersetzung der „Rule of Hermitages" („Regel für Einsiedeleien" aus The Complete Francis of Assisi: His Life, the Complete Writings und „The Little Flowers" (Brewster, MA: Paraclete Press, 2015) zu entnehmen.

LITERATUR

Einleitung:

1   Ugolino, „The Deeds of Blessed Francis and His Companions", in *Francis of Assisi: Early Documents*, vol.3, ed. Regis J. Armstrong, J.A.Wayne Hellman, and William J. Short (Hyde Park, NY: New City Press, 2020), 110-11, 121.

2   See Bartolomew of Pisa, *The Conformity*, in *Francis of Assisi: Early Documents*, vol. 4, bk. 1, ed. William J. Short, trans. Christopher Stace (Hyde Park, NY: New City Press, 2020), 110-11, 121.

Kapitel 1:

1   The Complete Francis of Assisi: His Life, the Complete Writings, and „The Little Flowers", trans. and ed. Jon M. Sweeney (Brewster, MA: Paraclete, 2015), 217.

2   G.K. Chesterton, St. Francis of Assisi: *His Life, the Complete Writings, and „The Little Flowers", trans. and ed. Jon M.* Sweeney (Brewster, MA: Paraclete, 2015, 217.

3   Viele der Übersetzungen in diesem Buch stammen vom Autor selbst. Wenn ein Zitat vom heiligen Franziskus, einer frühen franziskanischen Quelle oder von Meister Eckhart ohne Fußnote erscheint, dann ist es vom Autor selbst übersetzt.

Kapitel 2:

1   *Francis of Assisi in His Own Words: The Essential Writings*, trans. and ann. Jon M. Sweeney, 2nd ed. (Brewster, MA: Paraclete, 2018), 114.

2   Edward Hoagland in *This Incomparable Lande: A Book of American Nature Writing*, ed. Thomas J. Lyon (New York: Penguin, 1989), 321.

3   Jim Dutcher, Jamie Dutcher, *The Wisdom of Wolves: Lessons from the Sawtooth Pack* (Washington, DC: National Geographic, 2018), 17.

Kapitel 3:

1   Patrick J. Geary, „Monastic Memory and the Mutation of the Year Thousand", in *Monks and Nuns, Saints and Outcasts: Religion in Medieval Society*, ed. Shanon Farmer and Barbara H. Rosenwein (Ithaka, NY: Cornell University Press, 2000), 19.

2   James Cowan, *Francis: A Saint's Way* (Liguori, MO: Liguori/Triumph, 2001), 37.

3   Mary Harvey Doyno, *The Lay Saint: Charity and Charismatic Authority in Medieval Italy, 1150-1350* (Ithaca, New York: Cornell University Press, 2019), 33.

4   Lepra oder Hansen-Krankheit kam im Mittelalter in Europa häufig vor. Es war eine chronische Infektion, die Hautwunden am Körper verursachte und die Nervenbahnen schädigte. Mit dem 16. Jahrhundert schwand die Lepra langsam. Experten wissen nicht so genau den Grund dafür. Vom 20. Jahrhundert an gab es dann Antibiotika, aber Lepra kommt immer noch vor.

5   Norman Davies, *Europe: A History* (New York: Oxford University Press, 1997), 279-80.w

6   Francis of Assisi: Early Documents, vol.2, ed. Regis J. Armstrong, J.A. Wayne Hellman, and William J. Short (Hyde Park, NY: New City Press, 2000), 539.

7   Bartolomew, *Francis of Assisi: Early Documents*, vol.4, bk.2, 208.

Kapitel 4:

1   *Complete Francis of Assisi*, 208.

2   Bartolomew, *Francis of Assisi: Early Dokuments*, vol.4, bk.1, 237.

3   Augustine of Hippo, *Confessions*, trans. Owen Chadwick (New York: Oxford University Press, 1991), 10.27.38.

4   Zitiert in Narayan Desai, *My Life Is My Message: Satyapath (1930-1930)*, vol.3, trans. Tridip Suhrud (Hyderabad, India: Orient BlackSwan, 2009), 9.

5   *Francis of Assisi in His Own Words,* 25,48 (although in the second instance I've altered my earlier translation to a new one here).

6   Siehe Jon M. Sweeney, „The Use of Devotional Books un St. Francis's Day," in *The St. Francis Prayer Book* (brewster, MA: Paraclete, 2004), 137-40.

7   Siehe Kapitel 3 der „Legend of the Three Companions", ein früher Text. Es handelt sich hier um meine Übersetzung, wie bei vielen der Übersetzungen früher franziskanischer Quellen im vorliegenden Buch.

Kapitel 5:

1   Emily Dickinson, poem 165.

Kapitel 6:

1   Papst Franziskus, *Laudatio Si ́*, 95

2   Luther Standing Bear, zitiert in *Our Hearts Fell to the Ground: Plains Indian Views of How the West Was Lost* (New York: Bedford/St. Martin's, 1996), 125.

3   *Francis of Assisi in His Own Words*, 40.

4   Thomas of Celano, The Life of Saint Francis", in *Francis of Assisi: Early Documents*, vol. 1, ed. Regis J. Armstrong, J.A. Wayne Hellman, And William J. Short (Hyde Park; NY: New City Press, 1999), 234.

5   Celano, 250-51.

6   Celano, 250-51.

7.   Emanuele Coccia, *The Life of Plants: A Metaphysics of Mixture* (Medford, MA: Polity, 2018), 99.

8   Rainer Maria Rilke, *Selected Poems*, ed. Robert Vilain (New York: Oxford University Press, 2011); xxi.

9   Wassily Kandinsky zitiert in Fenton Johnson, *At the Center of All Beauty: Solitude and the Creative Life (*New York: Norton, 2020), 67.

10   Coccia, *Life of Plants*, 20.

Kapitel 7:

1   Mimlu Sen, *The Hones Gatherers: Travels with the Bauls, the Wandering Minstrels of India* (London: Rider, 2009), 5,18.

2   Bartolomew, *Francis of Assisi: Early Documents*, vol. 4, bk. 2, 217.

3   Bartolomew, 217.

Kapitel 8:

1   Bartolomew, *Francis of Assisi: Early Documents*, vol. 4, bk.1, 238.

Kapitel 9:

1 Dieses Zitat und die folgenden sind aus einem biografischen Bericht aus dem 13. Jahrhundert mit dem Titel: „The Anonymous of Perugia." *Francis of Assisi: Early Documents*, Vol. 2, 38.

2 See Italo Calvino, *Italian Folktales*, trans. George Martin (New York: Penguin Classics, 2000), 594-595.

3 Father Cuthbert, *The Capucins: A Contribution to the History of the Counter-Reformation*, Vol.I (London: Sheed and Ward, 1928), 19.

Kapitel 10:

1 „Anonymous of Perugia", *Founder*, 42.

2 Roger Tory Peterson, *A Field Guide to Western Birds* (Boston: Houghton Mifflin, 1961), 223.

3 Coccia, *Life of Plants*, 5.

4 Robin Wall Kimmerer, *Braiding Sweetgrass: Indigenous Wisdom, Scientific Knowledge and the Teachings of Plants* (Minneapolis: Milkweed Editions, 2015), 48.

5 Doyno, *Lay Saint*, 24.

6 Bartolomew, *Francis of Assisi: Early Documents*, Vol.4, bk. 1, 68.

7 „Anyone who does not make themselves …" from Bramidbar Rabbah 1:7; „There is something …" by Erica Brown; „The desert is not a home …" by Erich Fromm; und Zitat aus der Midrash Tanhuma – all from a paper of the Reconstructionist movement, „Why Was Torah Given in the Wilderness", available at https://tinyurl.com/y64k7jsg.

Kapitel 11:

1 See „Letter to Those Who Rule Over People (1220)", *Complete Francis of Assisi*, 232-33.

2 *Rabindranath Tagore: Selected Writings on Literature and Language*, ed. Sisir Kumar Das and Sukanta Chaudhuri (New Delhi: Oxford Indiana, 2001), 42.

3 Ted Hughes, *Shakespeare and the Goddess of Giroux*, (1992), S. 89.

Kapitel 12:

1 Saint Hildegard of Bingen, *The Book of Divine Works*, trans. Nathaniel M. Campbell (Washington DC: Catholic University of America Press, 2018), 149,88.

2 *https://www.kleine-spirituelle-Seite.de/files/template/pdf/johannes_vom_kreuz_dunkle_nacht.pdf*
This is my paraphrase in prose of others´ renderings in verse. For comparison, see *The Collected Works of St. John of the Cross*, trans. Kieran Kavanaugh and Otilio Rodriguez (Washington, DC: ICS, 1991), 359.

3 See Coleman Barks, trans.; „Shadow and Light Source Both", in *The Soul of Rumi: A New Collection of Ecstatic Poems* (New York: HarperOne, 2022), 88.

4 Francis of Assisi: *Early Documents*, Vol. 3, 102.

5 Eloi Leclerc, *Wisdom of the Poverello* (Chicago: Franciscan Herald, 1989), 79.

Kapitel 13:

1   Maurice Friedman, *My Friendship with Martin Buber* (Syracuse, NY: Syracuse University Press, 2020), 40; und auch *I and Thou*, in *Kol Haneshaman: Shabbat Vehagim,* 3rd ed. (Wyncote, PA: Reconstructionist, 1996), 189.

2   See Francis of Assisi: *Early Documents*, Vol. 1, 227.

3   Francis of Assisi: *Early Documents*, Vol. 3, 50. For „slide a piece of meat into his lap", see Francis of Assisi: *Early Documents*, Vol. 1, 392.

4   Francis of Assisi: *Early Documents*, Vol. 2, 374-75.

Kapitel 14:

1   See „Brother Masseo Tests St. Francis Humility", *Complete Francis of Assisi*, 282.

2   Francis of Assisi: *Early Documents*, Vol. 1, 235, 249

3   Kevin C.A. Elphick, „Gender Lominality in Franciscan Sources" (master´s thesis, St. Bonaventure University, 1998). A copy may be found in their Franciscan Institute library. See also Elphick, „Brother Elias: Soulmate to Saint Francis of Assisi?", *Jesus in Love* (blog), October 3, 2013, *https://tinyurl.com/yxaqpoa5*.

4   *Complete Francis of Assisi*, 228.

Kapitel 15:

1   Elizabeth Jennings to Michael Smith, 1984, *Fifty Fifty: Carcanet´s Jubilee in Letters*, ed. Robyn Marsack (Manchester, UK: Carcanet, 2019), 172. Hervorhebungen der Autorin.

2   Francis of Assisi: *Early Documents*, Vol. 2, 570.

3   Francis of Assisi: *Early Documents*, Vol.3, 307.

4   Candace Savage, *Crows* (Vancouver: Greystone, 2005), 12.

5   Francis of Assisi: Early Documents, Vol. 4, bk. 2, 216.

6   Andre Vauchez, Francis of Assisi: *The Life and Afterlife of a Medieval Saint* (New Haven, CT: Yale University Press, 2013), 72-73.

7   Siehe *Complete Francis of Assisi*, 238.

8   bell books, *All about Love. New Visions* (New York: William Morrow, 2018), 19.

9   See *Complete Francis of Assisi*, 250-53. Das Zitat stammt von S. 251.

Kapitel 16:

1   Francis of Assisi: *Early Documents*, Vol. 4, bk. 2, 216.

2   Diese Vorstellung und noch einige andere Beschreibungen eines mittelalterlichen Verständnisses (Vorstellung) vom Meer haben ihren Ursprung in Alan Corbins: *The Lure of the Sea,* trans. Jocelyn Phelps (New York: Penguin, 1994).

3   G. G. Coulton, *Medieval Panorama: The English Scene from Conquest to Reformation* (Cambridge: Cambridge University Press, 1938), 529.

4   Francis of Assisi: *Early Documents*, Vol. 1, 245.

5   Humphry Davy, zitiert in Richard Holmes, *The Age of Wonder: How the Romantic Generation Discovered the Beauty and Terror of Science* (London: Harper Press, 2009), xiii.

6   So wird ein späterer Dichter, John Clare, von Geoffrey Summerfield beschrieben, *John Clare: selected Poems* (New York: Penguin, 2000), 22. Ich glaube, dieser Satz passt auch perfekt auf Franziskus.

7   Francis of Assisi: *Early Documents*, Vol. 3, 340.

Kapitel 17:

1   Cornel West, „The Historical Philosophy of W. E. B. Du Bois – Class 1" (lecture Dartmouth College, Hanover, NH, Summer 2017). See the 9:40 mark at *https:// tinyurl.com/xyzkyemp.*

2   John Ruusbroec, *The Spiritual Espousals and Other Works*, trans. James A. Wiseman (Mahwah, NJ: Paulist, 1985), 265, 267.

3   *Saint Clare of Assisi to Agnes of Prague*, in Jon M. Sweeney, The St. Clare Prayer Book: Listening to God´s Leading (Brewster, MA: Paraclete, 2007), 59-60.

4   Langston Hughes, „Lenox Avenue: midnight", 1926 poem, public domain.

5   Carl Jung an Heinrich Boltze, C.G. Jung Letters: 1951-1961, Vol. 2, ed. Gerhard Adler and Aniela Jaffe, trans. R.F.C. Hull (London: Routledge and Kegan Paul, 1976), 5, adapted. Ich habe „die Person, die bereit ist, einfach/schlicht zu sein" eingesetzt für Jungs grob synonymen beschreibenden Ausdruck „naive Primitive".

6   Svetlana Alexievitch, *Secondhand Time: The Last of the Soviets,* trans. Bela Shayevich (New York: Random House, 2017), 4.